理應快樂

賽　局　理　論　與　生　活　之　道

REASON to be HAPPY

考希克・巴蘇 Kaushik Basu ——著　　蔡丹婷——譯

Why Logical Thinking is the Key
to a Better Life

獻給我的學生。

盼望更美好的世界。

目次

第3部

從個體到世界的選擇

在不確定時代的生存建議與行動

前言

起心動念

這本書放在我心裡已經很久了。多年來，我一直將各種關於如何應對事業和生活高低起伏的想法，記在腦海中和紙片上。在寫這本書時，我不光借重賽局理論、經濟學和哲學的學術著作，同時也回想了自己的經歷，從我在印度度過的童年，到我身為經濟學家，以及後來成為政策制定者的職業生涯，試圖以此解決真實世界的問題。

我所學到的大多來自與他人的互動——和我課堂上的學生，以及在我擔任華盛頓世界銀行首席經濟學家、印度政府首席經濟顧問期間，所遇到焦頭爛額的政治人物和面臨挑戰的企業領袖。

在寫這本書的過程中，我欠下了許多債，既對人，也對地方。我一生過著幾近遊牧的生活，足跡遍布多個國家、無數城市和城鎮。

這不是我原本要走的道路。就我記憶所及，原本的計劃是我應該成為一名律師，並接手父親在加爾各答的律師事務所 P. C. Ghose & Co.，前途一片光明。

我喜愛加爾各答智識上的熱鬧、咖啡館和書店。這看起來是個不錯的計畫。我會結婚生子，並住在巴爾戈根環路二十九號一樓，那個我小時候隨父母搬入的寬敞大房。我將在黑斯廷斯街八號那棟橫向辦公大樓的二樓工作，大樓每一層有四個房間，都有落地窗。

這座辦公大樓有一個長長的露台，書記員和擔心財產被盜、遺囑有爭議以及被積欠租金的客戶，一邊在那裡等待與律師會面，一邊看著樓下的景物：行人穿著破舊的西裝、纏著腰布或身著紗麗，車道上喇叭聲此起彼落，每個司機都在催促前面的司機讓路，看也不看前面的司機前面還有另一個司機，而那個司機前面還有另一個司機。

職涯規劃轉變

在倫敦政經學院求學的階段，我改變了自己的職涯規劃。當時的倫敦是進步運動和新思潮的中心。我坐在擁擠的演講廳裡，聆聽當代最偉大的思想家們思索經濟學、哲學和政治學，心中對他們能找出別人未曾發現的世界模式，讚嘆不已。在那裡我遇到了阿馬蒂亞．森（Amartya Sen）教授，他後來成為我的博士導師，也是我轉換跑道最主要的原因，他關於社會選擇理論和投資規劃的講座，讓我對經濟學和哲學產生了興趣。

德里經濟學院（Delhi School of Economics）是我展開研究和教學生涯的地方，那裡在一九八〇年代和九〇年代是一個人文薈萃的地方。本著巴黎著名的左岸精神，德里大學中的智識人才，更有可能出現在學院的咖啡館而不是辦公室。

我的下一個重大里程碑，是意外來自康乃爾大學的教授職位邀請。這個決定伴隨著些許忐忑。我和妻子艾拉卡在德里舒適地生活了十七年，從來沒想過要搬家。現在回想起來，我很慶幸我接受了邀請。當時我正開始因為行政工作而覺得縛手縛腳，而康乃爾大學提供了我所需要的契機。

能搬到伊薩卡（Ithaca）真是太好了。我很快就在一個很棒的跨學科交流會找到了歸屬，並進一步促成了這本書。這一切的開始其實有點尷尬。在還不知道自己會搬到康乃爾大學之前，我曾為一家印度報紙撰寫了一篇關於《哈羅德・拉斯基：左翼人生》（*Harold Laski: A Life on the Left*）一書的評論。因為對作者一無所知，所以我的批評不太客氣。搬進尤里斯廳的新辦公室幾天後，我接獲那本書的作者之一艾薩克・克拉姆尼克（Isaac Kramnick）的來電。他說他已經讀過了我的評論，然後他補充了一句話，讓我大吃一驚，他說他和我的辦公室只隔了三、四棟樓。他在政府學系，後來我們約定一起吃午餐。

克拉姆尼克是我見過最迷人、最勇於質疑、也最溫暖的人之一。我們很快就成了朋友，透過他我在經濟學以外的朋友圈迅速擴大。後來，艾拉卡和我成為了一個跨學科、定期聚會團體的一員。其中包括 Mary 和 Peter Katzenstein、Glenn Altschuler、Elizabeth 和 Hunter Rawlings、Vivian 和 Gary Fields、Charla 和 Erik Thorbecke 以及其他幾位。我對政治、哲學和發展經濟學的興趣，很大程度得益於這個人才濟濟且健談的團體。

本書緣起

儘管興趣廣泛，但在研究方面，我仍然專注於相當主流的經濟學。雖然這本書中的想法已經醞釀了很長時間，但有一個特定的日期促成了本書的寫作。二〇一九年三月二十七日，我受邀在康乃爾大學哲人哲學學院（Sage School of Philosophy）發表演講。這場研討會在 Avi Appel、Tad Brennan、Nicole Hassoun、Rachana Kamtekar 和 Theodore Korzukhin 的評論下開始。不知不覺中，我開始草草地記下筆記，並有系統地記下腦中閃過的想法。

另一個重要的里程碑是我受 Geoffrey Sayre-McCord 之邀，於二〇二二年二月在紐奧良舉行的哲學、政治和經濟學（PPE）學會年會上發表演講。這是在探索紐奧良之餘，能與眾多哲學家和政治學家交談的好機會，還可以試著向許多跨學科的觀眾，講述我對道德責任的一些想法。

二〇二二年夏天，我受邀到漢堡布塞里烏斯法學院（Bucerius Law School），這個完美的契機讓我得以一口氣完成手稿。促使我完成這本書的動力，來自於我與法學院的朋友沙弗（Hans-Bernd Schäfer）的多次討論，以及我在如詩如畫的下薩克森州，與克里姆特（Hartmut Kliemt）和亞勒特（Marlies Ahlert）兩日多的暢談。很快地，我就完成了整本書的草稿，不過內文還有些良莠不齊。

最後的編輯工作是在二〇二三年春季的學術休假期間完成，也就是在訪問倫敦經濟學院期間。倫敦是我第一次接觸到印度以外世界的地方，一九七二年，我來到倫敦進修研究所。二〇二三年，我懷著懷舊的心情坐在這裡，再次像學生一樣勤奮工作，對手稿做最後修潤。

在這段漫長的筆耕時期中，我的債務不斷累積。首先，我廣泛地借鑑了經濟學家、賽局理論家和哲學家的著作。我已經盡量謹慎地標注出引用的相關著作，但難免有所疏漏。我格外意識到哲學領域文獻的浩如煙海，而我的閱讀又是多麼零散無序。在寫這本書的過程中，我總是不時地發現一些我應該熟悉的相關著作。以此歸納，我認為我還錯過了更多該閱讀的材料。對於此類遺漏我深感抱歉，希望以後再版時能加以彌補。我也參考了自己之前的一些著作，不過我知道這本書的讀者可能與我平常的讀者不同。

關於對本書內容的評論和相關主題的討論，除了已經提到的名字外，我還要感謝 Karna Basu、Larry Blume、 Stephen Coate、Chris Cotton、Avinash Dixit、Julia Markowitz、Ajit Mishra、Michael Moehler、Puran Mongia、Ryan Muldoon、Derk Pereboom、

Sudipta Sarangi、Neelam Sethi 和 Himanjali Shankar。

我也想藉此機會感謝我的教學研究助理以及最近的學生 Valeria Bodishtianu, Aviv Caspi、Jacob Fisher、Meir Friedenberg、Chenyang Li、Fikri Pitsuwan、Haokun Sun、Saloni Vadeyar、Pengfei Zhang 和 Zihui Zhao，感謝他們與我進行相關討論、給予建議並協助編輯。在寫作工作的最後階段，我從 Andrew Gordon 和 Alex Christofi 的評論和建議中受益匪淺。

最後，我要感謝我的妻子艾拉卡、孩子 Karna 和 Diksha，以及他們的伴侶 Shabnam 和 Mikey，感謝他們的贊同、反對、討論和笑聲。艾拉卡讀了整份手稿，對內容、邏輯和語言進行了詳細的評論。她的閱讀速度總是讓我懷疑，她是否真的看進去了。正如她所說的，她能夠發現每一頁的「錯誤」，證實了她的確看進去了。

第1部

理性、情緒與生活的演算法

為什麼我們活得愈來愈聰明、理性且高效率，
卻不快樂？

第一章

推理、幸福與成功

我們一生中大部分的時間，都在追尋幸福和滿足，同時設法克服障礙和挑戰。然而，這趟人生旅程中最強大，但未被充分利用的工具之一，其實是我們所有人都擁有的工具，也就是推理能力。因此，這本書的書名就有了雙重意義。古代哲學家試圖理解我們周圍的世界，並定義一種有意義的生活方式。本書重新審視這些古老的主題，只不過藉助了現代學科的彈藥，特別是經濟學和賽局理論。在這個過程中，本書也探討，這些學科背後的哲學瑕疵和悖論，以及它們所引起的道德困境，希望能吸引讀者投入這場知識與理解的探索。

這本書的架構是倒金字塔型。一開始的重點在於，個人以及日常生活中的理性選擇和推理，從辦公室政治到個人難題。之後書中繼續探討，集體福祉和群體的道德責任。最後一章則從個人和集體的角度，聚焦於最宏大的關切，即全球問題，我們將討論，如何解決這個動盪的世界所面臨的一些問題。作為個人，我們能否讓世界變得更美好？如果可以，又該怎麼做？為了開始尋找答案，我想先從展示賽局理論能如何拯救生命開始。

如何避免核子戰爭？

一九七二年，我來到倫敦政治經濟學院求學，幾週後我經過布藍茲維廣場（Brunswick Square）時，有個小孩朝我扔水球。水球擦過我的肩膀，但沒有造成傷害。我當時還很青澀，又是初來乍到，再加上第一次離開祖國印度，所以我猶豫了一會兒，不知道是否值得挑起爭端。我判斷沒有理由這麼做，所以若無其事繼續走。

就在這時，一個身材魁梧的男子大步走到我面前，面上毫不掩飾他的鄙夷（更多的是對我而不是對那個男孩），他說：「年輕人，如果我是你，就會把那個小子痛打一頓。」我當時的第一反應是：「不，你不會，因為正如你剛才看到的，我沒有。」當然，考慮到他傾向於使用武力，我並沒有把這句話說出口。

如果我是你是道德推理的要點，從康德倫理學到福利經濟學和賽局理論都是如此。然而，它卻經常受到誤解。如果真的照字面解讀，那麼一旦「我」看到「你」的行為，就沒有理由再猜測如果我是你我會做什麼。另一方面，如果「如果我是你」的意思是「如果我有一部分像你」，那麼就會出現許多有趣的問題，也會有很多模糊之處，因為在許多方面我都有可能像你。

賽局理論涉及大量這類推理。光是聰明還不夠；你必須能夠將自己置於其他聰明人的立場上，思考她可能會做些什麼——而這反過來又當然是基於她認為你可能會做些什麼。

有鑑於布藍茲維廣場靠近倫敦大學，那名男子很有可能是一名教授。他或許也擅長研究。然而，此時他的情緒勝過了理智。這是常見的人類傾向和許多判斷錯誤的根源，同時也是促使我動筆完成這本書的重要動機。

本書旨在闡明我們為什麼有理由感到幸福，以及為什麼我們必須善用推理才能幸福。為了闡明我的觀點，我將借用賽局理論中所使用的推理方法。賽局理論是社會情境中演繹推理的藝術。因此，它在戰爭和外交、制定企業戰略、甚至在我們日常的人際關係中都具有價值。

決定人類命運的關鍵賽局

一九六二年十月十六日星期二上午九點左右，甘迺迪總統（John F. Kennedy）從國家安全顧問邦迪（McGeorge Bundy）那裡得知，一架美國 U-2 偵察機，發現蘇聯在古巴部署了核子彈道飛彈，這些導彈可以在幾分鐘內襲擊美國城市。甘迺迪的當務之急，是決定他和美國該做什麼，而這個決定主要取決於，他認為蘇聯總理赫魯雪夫（Nikita Khrushchev），會對他的行為做出什麼反應。當時他無疑意識到，赫魯雪夫會採取什麼行動，取決於他認為甘迺迪會如何回應他的所作所為。這是一個經典的賽局理論問題，涉及下棋或打橋牌時所使用的那種推理。這裡的不同之處在於，賭注攸關生死。

接下來的十三天，是歷史記載中人類存亡最危急的關頭之一。全世界時刻關注這場令人毛骨悚然的「賽局」。近一百八十架攜帶核武的轟炸機奉命持續滯空，飛抵蘇聯邊境然後返回。訊息很明確：如果美國遭到攻擊，美國也許會滅亡，但俄羅斯也會陪葬。這就是所謂的「第二擊戰略」（second-strike strategy），目的是遏阻任何考慮進行第一擊的人。

一旦有國家擁有核子能力，對另一個考慮生產核武的國家來說，第二擊能力被認為是必備的。擁有核彈卻不具備第二擊能力，就等於自尋攻擊。美國公開展示第二擊能力的戰略奏效。赫魯雪夫最終讓步，世界得救了。

理性與時間的依存理論

但幾乎無人注意到，白宮對戰略和反制戰略進行了多麼漫長的討論，主要是因為這些討論都是祕密進行。事實上，甘迺迪在高度緊繃的情勢下，花了六天才做出回應。經過深思熟慮，美國總統決定在十月二十二日公開告知美國人民，他們所面臨的危機，並致信赫魯雪夫詳細說明美國的應對計劃。[1] 全世界都要感謝甘迺迪領導的美國政府，在那六天中製定了高超的戰略，使世界從世界大戰和毀滅的邊緣悄然後撤。赫魯雪夫選擇丟臉而不是滅世，也是功不可沒。

甘迺迪之所以能在這場戰局中處理得當，主要是記取了於一年多前「豬玀灣事件」（Bay of Pigs）慘敗的教訓，當時在美國支持下，古巴流亡人士發動武裝行動，結果被古巴武裝力量迅速擊潰，時間短到令美方顏面盡失。甘迺迪意識到，推翻古巴共產主義政府的企圖之所以失敗，並不是因為美國沒有更多的槍支和武器，而是因為他沒有花足夠的時間，深思熟慮並制定戰略。

用史學家梅（Ernest R. May）和澤利科夫（Philip D. Zelikow）在著作《決策的本質》（*The Essence of Decision*）中對甘迺迪總統的分析來解讀，豬玀灣事件的失敗使甘迺迪意識到「他不僅詢問的顧問太少，給予這些議題的時間也太少。」這件事帶來的結果之一是，美國經濟學家謝林[一]（Thomas Schelling）被要求撰寫一篇關於核子戰略的論文，而他於一九六一年七月五日完成。據國家安全顧問邦迪的說法，這篇論文「給總統留下深刻的印象」。也間接在接下來的古巴飛彈危機中，引導國

一　他後來因在賽局理論方面的開創性成果而獲得諾貝爾經濟學獎。

家化險為夷。

在我寫這本書時，拜登總統（Joseph Robinette Biden Jr.）正忙於回應普丁（Vladimir Putin）對烏克蘭的入侵。對於他考慮的每一項支持措施，他都必須思考普丁會如何回應。這十分令人憂心，因為普丁的理性堪慮。由時事評論家扎卡里亞（Fareed Zakaria）主持的 CNN 紀錄片《普丁的內心世界》（*Inside the Mind of Vladimir Putin*）非常精采。唯一的問題是看完之後，你還是不知道普丁到底在想什麼。

賽局理論的盲點

儘管賽局理論是二十世紀最令人興奮的學科之一，但它也有盲點，所以我們必須利用直覺、心理學、政治和哲學。我們必須接受這樣一個事實：並非所有問題都有解決方案。透過結合這些不同方法的見解，我們也只能希望增加成功的可能性。

人類經過數千年的演化，已經能夠直覺地感受到其他人的想法，這為賽局理論提供了一些基礎。但作為一門連貫而自成一格的學科，賽局理論出奇地年輕。波雷爾（Émile Borel）是法國著名的數學家，後來成為政治家，他在一九二一年發表了一些關於賽局理論的重要著作。賽局理論作為一種分析方法，影響遍及從經濟學、政治學、心理學，到進化生物學、計算機科學和哲學等一系列學科，但它其實是在二十世紀中葉才突然出現——就像菲利普·拉金[二]（Philip Larkin）第一次的享樂主義邂逅，發生在《查泰萊》[三]（*Chatterley*）禁令結束和披頭四樂隊發行第一張 LP 之間。賽局理論的出現大致與原子彈的發明在同一時期，當時跨國公司也開始

二　出生於一九二二年，英國著名詩人，小說家、爵士樂評論家。

三　《查泰萊夫人的情人》（*Lady Chatterley's Lover*），英國作家D.H.勞倫斯的最後一部小說，於 一九二八年在義大利佛羅倫斯私下首印，一九二九年在法國巴黎出版。直到一九六〇年，該書的未刪節版才在英國公開出版。該書也因淫穢內容在美國、加拿大、澳洲、印度和日本被禁。

以全新方式相互競爭並與政府競爭，這也許並非偶然。透過為戰爭、外交和企業戰略提供分析工具，它塑造了現代世界的某些維度。

接下來幾頁將用賽局理論的故事，來說明我們如何面對生活中的挑戰。不過，這本書並非所有內容都是在直接幫助解決特定問題。

這本書每次只讀上幾頁，對大腦的作用就如同慢跑對身體的作用。我們慢跑不是因為它有什麼實質的產出或獲益，而是為了增進身體健康，以便在做其他事情時可以更有效率。同樣地，邏輯和賽局理論可以鍛鍊我們的思維，好在我們有需要時，能夠更有效地調動大腦。有些讀者也許會希望每天閱讀這本書幾頁，以代替每日數獨或填字遊戲。

在這個心智運動的過程中，本書將向讀者介紹一些重要的難題和悖論。就像慢跑一樣，這些心智運動本身就很有趣，而且對心智有療癒作用。

正如早期希臘哲學家，特別是斯多葛學派（Stoics）所意識到的，哲學不僅是一種智性探索，也是一種生活方式。而且，如果在這個過程中，你成功地解開了一個前人未解的悖論，即使你沒有從中獲得快樂，你也會成為史上留名的哲學家，如果這算得上安慰的話。

羅素的雞

「如果這算得上安慰的話」這個警語是必要的。就拿法國物理學家達朗貝爾（Jean-Baptiste le Rond d'Alembert）養母的憂慮來說好了。

達朗貝爾於一七一七年十一月十六日，被生母遺棄在巴黎聖尚勒朗德教堂的台階上，當時他才出生沒幾天。他以這座教堂為名，一開始在孤兒院長大，後來由養母收養。奇蹟般地，儘管人生開端艱難，他卻成為世界上最偉大的思想家之一，為數學、哲學、音樂理論和物理學做出了重要貢獻。然而，他的養母仍然感到失望，因為他似乎從來沒有做過任何有用的工作。當達朗貝爾向她講述他的一項發現時，她的回應非常出名：「你除了當個哲學家，什麼也不會做——那又算什麼呢？不過是個傻瓜，一輩子都在自尋煩惱，只為了死後還能被人談論。」[2]

確實，哲學以及所有精神追求，都帶有逃避現實的成分。這並沒有什麼害處，而且能幫助人們達到內心的平靜，而這正是皮浪（Pyrrho of Elis）等懷疑論者和芝諾（Zeno of Citium）、狄奧吉尼斯（Diogenes of Babylon）和愛比克泰德（Epictetus）等斯多葛學派所提倡的。同時，對真實和科學的追求有時會帶來智性突破，大大擴展我們對宇宙的理解，並成為創造更美好的世界不可或缺要素。

人類智性的重大突破

有時人們會說哲學作為一門學科，是始於西元前五八五年五月二十八日。那天出現了日蝕，當然並不是史上第一次。這次的不同之處在於米利都的泰勒斯（Thales of Miletus）已經預言了日蝕的發生。泰勒斯是幾何大師，證明了一條關於圓和直角三角形的美麗定理。在幾乎沒有任何儀器，可以拉近距離觀測天空的情況下，對這次日蝕的預測是透過思考和推測的結果。這是人類一次重大的智性突破，是經年累月追蹤行星和恆星的運動，以及歸納和演繹推理的成果。

歸納推理涉及觀察自然界的模式，並根據這些模式得出有關未來的結論。大多數人都相信明天太陽還會升起，因為我們一直以來，都看見太陽十分規律地升起。這就是歸納推理。

另一方面，演繹則需要根據純粹邏輯的前提得出結論。真實已經包含在前提之中。在直角三角形中，斜邊正方形的面積，等於另外兩邊正方形的面積總和。我們不需要收集世界各地的三角形，進行仔細的測量然後才得出結論。這個結論是根據三角形、直角和正方形等概念的定義得出的。它非常透明，原則上任何人都可以看得出來。只不過在畢達哥拉斯之前沒有人看出來，那就是另一回事了。即使是現在，在畢達哥拉斯之後已經過了二千五百多年，學生也常常因為想看卻看不出來而流淚。[3]

科學與迷信比想像中相似

早年讓我迷上哲學的是羅素（Bertrand Russell）在他那本薄薄的專著《哲學問題》（*The Problems of Philosophy*）中，對歸納推理的精采評論：「那個在雞的一生中每天都餵雞的人，最後卻扭斷了雞的脖子，這代表有關自然統一性更細緻的觀點，對雞會是有用的。」這段話完美地說出歸納法的缺陷，敦促我們採取懷疑論。這是訴諸理性的懇求。我相信其中有很多值得我們學習的地方。

我對羅素唯一小有意見的地方，在於規範性（prescriptive）。我把這段話稍作修改，改為：那個在雞的一生中每天餵雞的人，最後卻扭斷了雞的脖子，以此向人類展示像雞一樣生活的好處。

畢竟，雞無法改變自己出現在餐桌上的命運。為你無法控制的事情煩惱，只會帶給你不必要的痛苦。去深思可得或「可行」的「行動」或「策略」，以便做出正確的選擇，並最大化金錢、權力、名譽或任何你所追求的東西，當然是值得的。然而，人類卻花了大量的時間，在擔心我們無法控制的事情。如果雞對自己的命運無能為力，那麼對餵雞人生氣，只會讓雞的生命更加暗淡。我說我們應該像雞一樣生活，並不是說我們應該自我欺騙，相信未來會和過去一樣。我的意思是，一旦我們明白人無法撼動命運的軌跡，就應該努力把日子過好，就如同未來會像過去一樣美好一般。

羅素的思想實驗讓人們關注歸納法的問題。太陽每天都會升起，但這並不能保證它明天還會升起。當然，我們是靠歸納法過活的。我們觀察自然界中的模式，或者更準確地說，觀察自然並在我們的頭腦中創造模式。然而，這缺少客觀理由。如果有人說，儘管有這麼多科學證據，她還是不相信接種疫苗可以保護她免受新冠病毒感染，那麼就沒有充分的理由能駁斥她的說法。我們所謂的科學與迷信之間的差別，並沒有我們想像的那麼大。而誠實，要求我們抱持懷疑。

歸納為什麼重要？

法國攝影師瓦利（Eric Valli）長期拍攝尼泊爾的古隆族部落（Gurung），部落裡的人會冒險攀爬高樹以採集蜂蜜。他曾經問過其中一人，是否有人從高處摔落。被問及的男子一本正經地回答：「有的，一個人的生命要結束時，他就會摔下來。」[4] 我建議讀者不要完全忽視古隆族的觀點。

歸納很重要，但我們需要留意它在發現因果關係方面的缺陷。假設研究人員來到一個社區，想測試給居民注射一種綠色化學物質，以改善記憶力的效果。[5]

他們進行了大量測試，發現這種注射在每一例中都大幅提高記憶力，並且沒有任何負面副作用。如果研究正確完成，它可能被視為一項重要發現，並將發表在主要的科學期刊上。現在，如果這個鎮上有一名叫夏娃的女子，她沒有接受測試，但渴望增強自己的記憶力。她能否根據這項科學研究做出推斷，如果注射這種藥物，她的記憶力就會提高？歸納法的信徒會自信地回答「是的」。想知道為什麼他們的信心值得懷疑，請容我補充一些上述科學實驗的細節。

假設這個社區裡剛好住著大量蛇、青蛙、老鼠和蝙蝠，而只有一個人，那就是夏娃。因此，實際發生的情況是，實驗者對大量生物（但不包括人類）注射了綠色藥物，並得到了上述結果。顯然，夏娃有理由猶豫是否要注射這種綠色藥物。這種藥物對蛇、青蛙、老鼠和蝙蝠都有效，這一點為真。她是抽取的科學樣本所屬群體中的一部分，這一點也為真，但這顯然沒有什麼安慰作用。

事實上，如果從鄰近的城鎮（那裡所有生物都是人類）傳來消息說，實驗只在當地一名居民身上進行，而她注射了這種藥物後不僅沒有增強記憶力，反而出現劇烈頭痛，那麼我們都能認同夏娃的懷疑態度。[6]

懷疑與理性是幸福的根源

幸運的是，懷疑和理性也是平靜（equanimity）的關鍵——它們不僅在生活中有用，也是幸福的來源。我上面提到泰勒斯透過長期觀察行星和思考，獲得了令人驚嘆的科學洞見。我相信，這些長時間的思考和推理本身，必定是泰勒斯快樂和平靜的泉源。我希望讀者讀完本書後能認同，追求知識是享樂主義的一種形式。

但我要特別指出一點，在強調理性價值的同時，我無意忽視需要醫療協助的實際精神疾病。在這種情況下，一個人可能無法善用心智，而推理也不會有太大幫助。諷刺的是，美國數學家約翰・納許（John Nash，1928-2015）就是一個很好的例子。納許是賽局理論領域的重要人物，也是歷史上的偉大思想家，但他一生中的大部分時間都因思覺失調症（schizophrenia）而失能，這位理性大師在生病期間無法利用自己的能力來幫助自己。

本書沒有涉及這些深層的心理問題，而是關於如何處理日常生活中的麻煩和困難。基於多年來的經驗，我深信推理是最唾手可得，但未受到充分利用的良藥。

憂鬱症

我自認本性開朗、很少憂慮，喜歡與人為伴，無論男女……可能偏愛女人更多一點，而且很幸運能找到自己喜歡的職業。

但我不是一直都這樣。十七歲時，我經歷過一段黑暗時期，絕望籠罩著我，世界好似了無希望。我內心充滿焦慮，認定這片黑暗永遠不會消散。幸運的是，它確實消散了。大約一年半後我的情況開始好轉，最後完全康復。這場突如其來的病症讓我感到很難為情，絲毫不想談論。我沒有告訴任何朋友，更沒有告訴父母，因為這會讓他們難過。

我在加爾各答度過幸福的童年，在父母和四個姊姊的呵護下長大，他們都對我寵愛有加。父親是個內向的人，他對孩子的愛很少表現在行為上。值得一提的是，每次我或姊姊們身體不適時，即使只是普通感冒，父親也會比平常在辦公室待得更久。母親大笑著告訴我們，他不忍心看到孩子身體不舒服，所以選擇了懦弱的逃避舉動。但令人發笑的是，他總忍不住從辦公室頻繁打電話，來詢問我們的情況。

在我成長的過程中，我們有龐大的家族，親戚遍布整個城市，他們來訪的頻率足以讓現代家庭感到震驚。我記得搬到美國後，有一位對印度文化很好奇的美國同事問我，我父母是否會先敲門再進我臥室。不光是我父母不會敲門，就連我們的鄰居戈許夫婦，都不會敲門。

父親出身貧寒，因為祖父早逝而使得家境更加困難。父親努力賺取微薄的收入，以幫助母親和十一個兄弟姐妹，並且透過夜間進修，在年紀較大時取得法律學位。完全出乎意料的是，他把律師當得有聲有色。在我大到能記事的時候，家裡已經擁有多名員工、司機和幫傭，他們以一種相當封建的方式忠於我們。

一生中最明智的決定

一九六八年，我高中畢業，打算繼續過上與父母同住、每天由父母開車送去上學的安逸生活。有一天，母親找我說話，說父親想知道我是否同意去德里的聖史蒂芬學院（St. Stephen's College）學習。只需離家三年。從母親的語氣裡，我明顯聽出父親的催促之意。這真是晴天霹靂。聖史蒂芬學院是印度首屈一指的高等學府，但我從沒想過父母會希望我離開家，直到很久以後我才明白，他們的用心良苦。

回想起來，這是我一生中最明智的決定之一。父親是俗世之中的哲學家。雖然我的離開會讓他很痛苦，但他認為我需要自立的刺激，才不會變成一個不動大腦的宅男。最後我同意向聖史蒂芬學院提出申請。

面試過程中有一個很驚險的時刻，我撒謊說我想學經濟學，因為我喜歡這個專業，而系主任雷先生（N. C. Ray）卻問我讀過哪些經濟學方面的書。我總不能說我因為什麼都沒讀過，所以才對它如此著迷。我拚命尋找生命中讀過與經濟學連結的書，終於想起學校教科書裡，有半頁是關於「馬克思的剩餘勞動力理論及其錯誤原因」。我之前上的是加爾各答的耶穌會學校聖澤維爾（St. Xavier's），我們的傳教士道德科學老師，要求我們背下那半頁內容。我告訴面試委員會，我讀過馬克思的「剩餘勞動力理論」，而我的結論是它錯了。我講了大約五分鐘來詳細闡述這一點。面試委員會對我的知識水準表示讚賞，而我則是對自己在危急時刻的反應能力感到驚奇。

始於焦慮

一九六九年七月，十七歲的我懷著忐忑不安的心情首度離家，前往另一個城市生活。我搬進了位於南魯德拉的聖史蒂芬學院宿舍。我遇見一些比我活潑得多的學生，他們之前在印度其他地區的西式寄宿學校接受教育。新奇的環境、遠離家鄉以及與這些西化同學相處的不適感，確實會引發焦慮，但這種焦慮還算正常，至少在前三個月是如此。

在為期兩週的十月假期結束返校後，我的情況開始急轉直下。直到今天，我還是不太清楚自己到底出了什麼事。是因為搬離了那個讓我感到完全地、出奇地安全的家而引發的嗎？是因為自卑感嗎？擔心自己比不上那些聰明的同學？它是否是一個有名稱的特定心理問題？有其他人也這樣嗎？知道原因是什麼嗎？

對現在的我來說，這些疑問純粹是出於求知欲。也許有讀者知道答案，不過我還是提供一兩個細節。這種焦慮、抑鬱或憂鬱症，我至今仍不知道該怎麼稱呼它，這些狀態的其中一個明顯特徵，就是有著清晰的每日循環。早上我醒來時感覺還算好，然後在早上某個時候開始焦慮，在一天中不斷累積，到接近傍晚時變得極為嚴重。然後，隨著夜幕降臨，它又會開始減緩。

又過了幾個月，每天從夜晚到早晨的平靜時間變得愈來愈短。焦慮和抑鬱情緒日益加重，隨之而來的是對一切失去興趣。它不再遵循每日循環；而是牢牢駐守。我失去了企圖心，也不再關心那些我曾經珍惜的事物。我的生活似乎毫無目標，這又更進一步引發了真切的絕望。

我在書上看到彌爾[四]（John Stuart Mill）二十歲時也有過類似經驗。正常情況下，如果我發現自己與彌爾有共同之處，應該會非常興奮，但當時的我毫無波瀾。我繼續上課，結交了許多真誠而親密的朋友。沒有人猜到我正在經歷什麼。一年後，我完全接受了這個事實：這片黑暗的陰影永遠不會從我的生活中消散。

抑鬱退去

但它確實消散了。我不知道是什麼讓我擺脫了這種困境。在那段期間我的確去加爾各答看過精神科醫生，也是我這輩子唯一一次。那位醫生博覽群書，頭腦清醒，他談起佛洛伊德和榮格等人的思想，說人類的許多問題，源自於我們過度重視人生中的某一個目標——性、金錢或名譽。他說，對我這個年紀的人來說，很多心理壓力都來自於潛在的性焦慮。他援引佛洛依德（Sigmund Freud）的理論以證明自己的判斷。佛洛伊德強調人類的心理問題源自於性，結果變成自我實現的預言。那位精神科醫生認為，一旦我們意識到，生活中沒有任何目的或目標，是至高無上的，我們肩上的負擔就會減輕很多。我不知道他的諮商對我是否有直接的幫助，但我對他那充滿知性和人性的談話記憶猶新。

大約在二十歲左右，我意識到「抑鬱」漸漸離

四　英國效益主義、自由主義哲學家、政治經濟學家、英國國會議員。其哲學著作聞名於世，研究範圍包括政治哲學、政治經濟學、倫理學、邏輯學等，其著作《論自由》是古典自由主義集大成之作，而在十九世紀古典自由主義學派影響巨大。

開我——由於找不到更好的詞，我姑且稱之為抑鬱。我找不到具體的原因，就這樣莫名其妙地狀況慢慢好轉了，因為那時我已經習慣生活在它的陰影下，所以我一開始根本沒想過它會離開。又過了一兩年，它就消失了。之後的許多年，我沒有向任何人提過這件事。部分是出於害羞，部分是擔心談論它可能會重新喚醒沉睡的精靈。

誠實與推理

我不知道是什麼讓憂鬱症消失了，也不知道它是否像某種陣發性病毒一樣，無論我怎麼做，它都會自行消失。但我在那個時候開始使用一種策略，並因此受益匪淺：和自己講道理，並且在這樣做的時候，盡量做到完全誠實。由於我無法取得抗憂鬱藥物，當時在印度幾乎沒有人能取得這種藥物。所以腦中的推理，就是我唯一與之對抗的武器。無論是不是它幫助我度過這段危機時期，我都養成了這樣的信念：對自己完全誠實、在腦中不帶情緒地推理，是獲得幸福最強大，但多數人尚未完全掌握訣竅的祕訣之一。

以憤怒為例。偶爾表現出憤怒可能有一定的價值，但我說的不是這個。[7] 我說的是處於憤怒之中。當我們和自己講道理時，我們會發現憤怒毫無用處。如果你在下西洋棋時因為對手把車（rook）[五] 橫移而感到憤怒，這不太可能幫助你做出更好的反應。大師下棋落入下風時不會生氣；他們只集中於自己的推理能力，你沒有權利左右別人做什麼。你所能做的就是評估情況並思考你能做什麼。這就是賽局理論中玩家所做的事，也是你在生活中該做的事。有時候，展現憤怒可能會影響對方將來的行為；但你的憤怒感覺不會。

死亡與永生

對某些人來說，光靠修為就能完成別人需要藉

五　在西洋棋中車可以上下或左右移動，但不能走斜線。

助理性才能完成的事。我對這一點有深刻的體悟，是因為我長期觀察我的父母。我的父親擁有近乎完美的分析推理能力，無論是在爭論法條或是在教我歐幾里得幾何學時，這種能力對他很有幫助。然而，我母親卻完全不擅長推理。她從不缺乏自信，常常笑著告訴我們，她求學時數學總是不及格。但她擁有的是一種情感上的堅韌，以及對實用哲學的本能掌握。

我對小時候的一件事記憶猶新。我們有一位在德國定居的表親突然去世。她是我表姨的女兒，表姨住在加爾各答，她傷心欲絕，經常哭著來到我們家。母親總是很和善，會輕拍她的手臂並安慰她。這種情況持續了很長一段時間。漸漸地，母親開始對表妹的痛苦未曾稍減感到不解。有一天，令我感到鬱悶地，母親問她：「我知道失去女兒令妳痛苦萬分，但老實說，妳女兒很久一段時間都沒有和你住在一起。她一直待在德國，妳難道不能假裝就像她還在德國生活嗎？」

能夠將死亡等同於生活在德國，這樣的哲學膽識足以讓斯多葛學派嫉妒。

斯多葛學派，除了亞契（Archie）以外，在斯托帕德（Tom Stoppard）的戲劇《跳躍者》（*Jumpers*）中，亞契對多蒂的安慰令人印象深刻，多蒂是道德哲學教授的妻子，在得知一名友人驟逝後心煩意亂，亞契對她說：「沒必要小題大作。當然，死亡總是令人遺憾的，但又不是只要一直向人傾訴，人就能永生了。」[8]

理智與情緒

推理能力是人類最寶貴但最未被充分利用的能力。人類有許多社會和經濟困境都源自於推理能力的缺席。我將在後面的章節中討論一些較大的問題。但現在我想先談個人和日常生活，從我們為尋求幸福、成功和社會認可，所做的努力開始。

每當我們感到無法應付生活中的諸多需求，或覺得事業或友誼失敗時，我們的第一反應就是去看心理醫生、吃藥，或者更糟的是，把自己封閉起來。我不會第一時間懷疑藥物的必要性，但我也相信，在許多情況下，有一樣東西可以代替藥物或至少可當作補充：理性。我指的是，主要在人的大腦中進行的簡單演繹推理。良好的推理藝術，對於在工作中取得成功、與社交同儕建立良好關係、對抗我們的怪癖甚至抑鬱，都至關重要。

不幸的是，人類的思維充滿矛盾點。尤其是在壓力之下，我們很容易做出不當的推斷，並試圖用一些有缺陷的方式來安慰自己，但從長遠來看，這些方式沒有任何實質效用。

攸關個人問題，連經濟學家都很難理性思考？

想在日常生活中做出良好的推理，你不必是數學家、賽局理論者或分析哲學家，也不必擁有高智商。運用理性是智人（Homo sapiens）的標準特徵，幾乎所有人都具備這種能力。主要的障礙是，當我們面臨個人問題、麻煩的朋友、愛管閒事的姻親、可惡的老闆，或是在思考敏感的政治和社會問題時，我們的推理能力就會變差。

在與許多傑出的數理經濟學家共事多年後，我得出了上述結論。他們一旦走出數學模型和希臘符號的舒適區，開始談論個人問題、辦公室政治或世界事務，其中許多人的推理能力就變得差勁到令我驚訝。我不想失去朋友，所以這些經濟學家的名字必須保密。

這些互動使我得出一項結論：現實生活中的推理失敗，更多是一種情緒上的失敗。為了驗證這個假設，我在康乃爾大學賽局理論課學生的幫助下，對我在德里經濟學院的學生，進行了一系列非正式實驗，有時也對伊薩卡市中心的普通人進行實驗。以下是我們所做實驗的一個例子。這些實驗並沒有做科學對照，所以我不打算發表。

基本概念如下。請某人看三個陳述 A、B 和 C，假設 A 和 B 為真，然後基於該假設，說出 C 是真還是假。先使用以下的陳述進行第一個實驗：

A：所有男人都戴帽子。

B：湯姆和約翰都是男人。

C：湯姆和約翰戴帽子。

幾乎所有受訪者都答對了這一題。他們都回答是「真」。這種邏輯稱為「三段論」（syllogism），流傳自亞里斯多德時代。早期關於「正理論」（Nyāya）的吠陀文本中也有明確提及這種邏輯，正理論是印度的一個思想流派，可以追溯到公元前二世紀。三段論首先斷言一組生物具有某種特徵。然後指出某一生物屬於該集合。幾乎所有人類都可以從這些陳述中推斷出該生物具有這種特徵。

有趣的是，大多數人都能直覺地理解三段論，並得到正確答案，只要字詞和話題不涉及情緒。為了驗證這一點，我們可以創造另一個實驗，這也是一個三段論，具有與上面涉及帽子的測試相同的邏輯結構，但這次它處理的是一些不那麼無害的問題。

當我們用理性處理情緒問題……

我將這些陳述稱為A'、B'和C'，以將它們與A、B和C區分開來。

A'：所有生物都只適合做家事。

B'：所有女人都是生物。

C'：所有女人都只適合做家事。

與先前一樣，我們要求受訪者回答，如果A'和B'都為真，那麼C'是真還是假。我們發現，儘管只要求評估邏輯而不是陳述的價值，但得出錯誤推論的人數還是多了很多。說C'是假的人數，比在先前的實驗中說C是假的人數多出許多。[9] 由此可見，推理能力不佳，通常代表的不是智力低，而是心理障礙。當人類必須運用邏輯來處理情緒議題時，推理能力就會下降。

我應該在這裡補充說明，上述類型的「若—則」陳述就是我們所謂的「肯定」陳述（positive

statement）。沒有道德或規範內容，沒有關於我們認為世界應該如何的暗示，也沒有關於如何行為的建議。在上面的例子中，你推斷若 A’ 和 B’ 為真，則 C’ 也為真，事實上，不會透露你是性別歧視者或是女權主義者，也不會透露你反對還是支持大政府，或是你是否認為應該對富人徵收更高的稅，並且為窮人提供食品補貼。

我們可能會對其中一個前提提出質疑——所有的生物真的只適合做家事嗎？但這不會影響命題（proposition）[六]的邏輯。舉幾個肯定陳述的例子，可以是「二加二等於四」或「七加七等於十五」這樣的命題。它們可以是真或假，但它們不會是道德的或不道德的。

唯見，事實是什麼

休謨（David Hume）是對我影響最大的兩位哲學家之一，他在論證「你不能從純粹肯定的陳述中，得出任何規範性結論」時，基本上應證了這一點。這被稱為「休謨定律」（Hume's Law）。[10]

休謨定律不僅對哲學家和哲學辯論很重要，對於正確的決策也至關重要。[11] 我們經常把純粹肯定的議題想得太複雜。

奴隸制有助於促進美國 GDP 成長嗎？這個問題的答案，不會迫使我們採取任何特定的規範立場。完全可以合理地說，無論這個問題的答案是什麼，奴隸制都是歷史上可恥的一段，永遠不該再被允許存在。由於我們對純粹肯定事物的分析本身，不會對我們選擇什麼樣的行動產生影響，因此，在思考肯定議題時只考慮真相就很重要。

這正是羅素（Bertrand Russell，另一位我最喜歡的哲學家）在一九五九年接受 BBC 採訪時所說的名言，當時有人問他對未來世代有什麼建議：

六　將兩個概念連在一起，用「是」或「不是」表達判斷的語句。

我想說兩件事，一件是關於理智，一件是關於道德。關於理智，我想要對他們說的是：「當你研究任何事情或考慮任何哲學時，只問自己事實是什麼，以及事實證明的真實是什麼。永遠不要讓自己被你想要相信的事物，或你認為如果相信就會產生有益的社會影響的事物所影響。而是只看，唯看，事實是什麼。」

關於道德，我想告訴他們的很簡單。我應該說愛是明智的，恨是愚蠢的。在這個連結愈來愈緊密的世界，我們必須學會互相寬容……

基本上，他是在訴諸休謨定律。在我們的分析中，我們不應該做出任何妥協。基於同樣的前提，在決定什麼是道德正確時，我們不必受到我們可能得出的「若一則」命題（if–then statements）的約束。

羅素曾勸世人要「全心全意追求真實」，而他的女兒凱瑟琳·泰特（Katharine Tait）正是最能體現這句話的人。她長大後顛覆了許多她的父親提出的論證與價值觀。最經典的例子，羅素是無神論者（多數時候；有時自稱不可知論者），他拒絕加入基督教；而凱瑟琳卻成為虔誠的基督徒。她在自己撰寫的傳記《羅素傳》（*My Father Bertrand Russell*）中，坦率記下成長過程中的掙扎—不只是身處思想前衛家庭帶來的不安，還有父親多次婚姻與戀情對她造成的衝擊。這本書的最後，她用一段令人鼻酸的話語作結。我在這裡完整引用：

過了很久我才想到要寫他。我要告訴全世界他是多麼偉大的一位父親，我對自己說，他是多麼睿智、風趣、善良，我們在一起總是多麼快樂，他們不能把他想成是一個冰冷理性的哲學家。我這麼想，於是就開始寫，結果寫出來卻不是這麼一回事。這些「但是」和抱怨控制住了我的筆，強迫它把它們記錄下來。「妳知道他熱愛真實，」它們敦促著，「妳不能用虛假的回憶錄去榮耀他。必須把所有錯誤的、困難的和令人失望的地方都寫下來，然後妳才能說：『他是我所認識最迷人的男人，我唯一愛過的男人，我所見過最偉大的男人，最機智、最快樂、最迷人的人。認識他是我的榮幸，感謝上帝，他是我的父親。』」[12]

求真，不等同句句屬實

我必須澄清，有一個主題羅素沒有說得很清楚。真實和說真話之間是有差別的。我們在尋求真實的過程中永遠不應妥協，但出於道德原因，我們有時可能不得不在說真話這件事上妥協。說出某件事是一種行為，是一種言語行為，和所有行為一樣，它可能會造成傷害、引發痛苦，在道德上可能是正確的，也可能是錯誤的。

比方說，有一位好心的長輩邀請你共進晚餐，對方費盡心思做了一桌菜，並在飯後問你是否喜歡這些菜色。喜歡或不喜歡是事實，可以是真的，也可以是假的；但是，說出你喜歡或不喜歡是一種行為。就算你心裡覺得菜色難以下嚥，但嘴巴說的是「很好吃，我很喜歡」，這仍然完全符合休謨定律。[13] 事實上，這也許是正確的做法，因為從道德角度來說，不必無謂地傷害別人的感情。

如何決定何時該說什麼？

一般而言，由於公開言論可能會造成傷害，並導致他人做出不得體的行為，因此不大聲說出某些事實，也許確實存在道德上的理由。而在自己的頭腦中，你必須毫無限制地審查所有命題，並對你的發現完全誠實。

這對良好的決策乃至幸福至關重要，因為人類的許多不幸，都源自於我們的混淆不清。

讓無關的考量影響我們對命題有效性的判斷，不僅會導致不良的個人決策，也是導致許多國家出現重大政策失誤的原因。如果某一個社會裡的人，在聽說「畢氏定理」（Pythagorean theorem）後，想要先知道古代數學家畢達哥拉斯（Pythagorus）

的政治黨派傾向，以判斷該定理是否正確，那麼這樣的社會注定走向末路。

羅素在《西方哲學史》（*History of Western Philosophy*）中為馬基維利[七]（Machiavelli）辯護，他指出馬基維利給君主或政治領袖的「建議」，人們認為這是不道德的，事實上並非不道德，因為根據羅素的說法，這些實際上並不是建議，而是「若—則」陳述。馬基維利基本上是在說，「如果你想繼續擔任領導者，那麼你就應該這樣做。」這與說「你應該這樣做」不同。後者是規範性陳述，可以是道德也可以是不道德的；前者則是肯定陳述。根據羅素的說法，馬基維利只是試圖發掘政治法則，而不是建議任何特定的行為。

留意藏在語言背後的真相

儘管如此，當我們使用的字詞觸動腦中的情緒之弦時，我們之中有許多人就會變得很難明辨是非。而這樣的糊里糊塗，可能會讓有心人用來剝削我們。伏爾泰的名言「上帝是不存在的，但不要告訴我的僕人」就一針見血。

伏爾泰的這句話也許只是戲言，但矇騙他人信神的方法，早在他之前就出現了。公元前三世紀印度的統治者孔雀王朝（Maurya dynasty），其開國帝王就有一位馬基維利主義的顧問，那就是考底利耶（Kautilya）。

考底利耶寫過很多這類方法，在他的古典著作《政事論》（*Arthashastra*）中，他為王提供有關經濟和政治控制的建議，並指出王可以利用宗教和對神的敬畏，讓平民按照王的意願行事。

考底利耶提出，如果王的財庫空了，而王國預算陷入困境，王可以採取安排假「神蹟」的做法，

七　出生於一四六九年，義大利政治學家、哲學家、歷史學家、外交官。他是義大利文藝復興時期的重要人物，被稱為「近代政治學之父」，在政治哲學領域具代表性，他所著的《君王論》一書提出了現實主義的政治理論，其中「政治無道德」的權術思想，被人稱為「馬基維利主義」。另一著作《李維論》則提及了共和主義理論。

例如在偏遠地區迅速建造一座寺廟，並告訴人們它是憑空出現的，然後鼓勵那些被這類事件震撼的人，向神奉獻金錢。統治者可以利用所收集到的錢，來彌補王國的財政赤字。當然，一旦王掌握了這種欺騙的藝術，他也可以將其用於其他不那麼「偉大」的目的。

世界就是你的實驗室

經常在我們心中沉睡的推理能力，與「賽局理論」（Game Theory）密不可分。正如我們所見，這門在眾多領域都具有重要地位的美麗學科，出奇地年輕。百年前數學家才證明出一些零散的定理。一九四〇年代後，出現了許多重要的開創性研究，包括五〇年代早期納許（John Nash）的開創性論文。隨後，在一九六〇年代初，謝林（Thomas Schelling）的經典著作《入世賽局：衝突的策略》（*The Strategy of Conflict*）。這本書以及他後來的著作都沒有用到數學，而是採用了純粹的演繹推理，這展現了賽局理論的適應性。它既可以容納純數學家，也可以容納對數學一竅不通的思想家，他們都可以為該學科的不同應用領域，提供深刻的貢獻。

有了賽局理論，你不必走到特定地點才能進入實驗室，因為我們就生活在實驗室裡。我們只需要保持好奇：審視世界，從日常生活中獲得線索，並用邏輯和理性將它們串聯起來，以發現新的模式和新的真相。

賽局理論是關於在其他人——包括你的敵人，有自己的慾望和動機的情況下，我們如何採取理性的行為，這個理論成立的前提是，每個人同時都在努力追求自己的利益。正如賽局理論的重要人物奧曼（Robert Aumann）所說，這一切的核心就是「交互理性」（interactive rationality）。

無形之手如何引導我們走向「集體最優結果」

賽局理論在道德上是中立的。它不會告訴我們個人應該追求什麼，而是分析人們如何得到他們想要的東西，並描述其後果。它可以是一些公司爭奪客戶、爭相將自身利潤最大化的故事，也可以是好心人努力創造更美好世界的故事。也就是說，它可以幫助你更清楚地推理如何實現你的目標，無論目標是什麼。

但我想提醒讀者道德的重要性。由於亞當・斯密（Adam Smith）的驚人發現雖然備受注目，但也被廣泛的誤解和誤用，道德在主流經濟學中被邊緣化了。

亞當・斯密指出，在很多情況下你不需要是好人才能做好事。每個人在純粹追求自身利益的驅使下，能帶領社會走向對集體而言最優的結果，就像被一隻「無形之手」引導著一樣。這個想法發表於亞當・斯密最著名的著作《國富論》（*The Wealth of Nations*），對經濟學界產生了巨大影響，並最終影響了所有人的思想。

這種觀念的力量如此強大，以致一七七六年成為了一個罕見的年份，人們因為兩個原因而同時慶祝這一年——一個國家（即美國）宣布獨立，以及一本改變世界的書出版。[14]

似乎那一年的巧合還不夠多，大衛・休謨（David Hume）還選擇一七七六年七月四日在家中為他的朋友們舉辦聚會，其中包括最具分量的亞當・斯密。這個聚會之所以如此特別，在於休謨組織這個聚會，是為了慶祝自己生命的結束，因為他知道自己即將死於癌症。派對結束後不到兩個月，就在八月二十五日，休謨去世了。

休謨不僅透過他的思想貢獻為我們留下養分，他還像一些早期的哲學家，如伊比鳩魯[八]（Epicurus），甚至政治領袖如奧理略[九]（Marcus

八　古希臘哲學家、伊比鳩魯學派的創始人。他學說的主要宗旨就是要達到不受干擾的寧靜狀態。

九　是羅馬帝國五賢帝時代最後一個皇帝，擁有凱撒稱號。於西元一六一年至一八〇年在位，有「哲學家皇帝」的美譽。馬可・奧理略是羅馬帝國最偉大的皇帝之一，同時也是著名的斯多葛派哲學家，其統治時期，被認為是羅馬黃金時代的標誌。

Aurelius）一樣，透過他的生活方式給我們留下教誨。才高八斗的人通常性格都不太討喜，但休謨是個例外。他是那個時代的激進分子，經常因拒絕傳統宗教以及價值觀而備受攻擊，但他是一個情緒穩定的人。

一七七六年十一月九日，亞當・斯密寫信給出版社老闆斯特拉漢（William Strahan），這家出版社也是主要出版休謨作品的出版社，他在信中提到休謨的健康每況愈下，在這段最後的時光中，休謨跟他說過的話：「如果我有敵人，我正像他們希望的那樣迅速接近死亡；同時也像我的朋友希望的那樣，輕鬆愉快地迎接死亡。」

道德與成本分析

亞當・斯密關於「無形之手」的構想深刻非凡，以致於要真正將它形式化（formalization）並完全理解，花了遠比想像中更長的時間。能不能像古希臘數學家歐幾里得（Euclid）那樣，把這個直觀概念加以正式「證明」，正如他曾為幾何與形狀直覺所做的那樣？答案是肯定的，但這項成果直到將近兩個世紀後才實現。

亞當・斯密的理論一直到十九世紀末，才逐漸成形對整體經濟的完整描述，包括每一種商品的供給與需求，透過傑文斯（William Stanley Jevons）、瓦爾拉斯（Léon Walras）等人所撰寫的開創性著作建立基礎。而要推導出這個龐大體系在何種條件下能達成均衡，從而展現出「無形之手」的特性，則必須等到二十世紀中葉，並仰賴阿羅（Kenneth Arrow）與德布魯（Kenneth Arrow and Gérard Debreu）於 1954 年發表的關鍵研究成果。

「無形之手」這個新觀念帶來的衝擊，使我們往往忽略了：雖然個人自利與集體利益之間的連結確實重要，因為這樣的推論在智性上令人驚訝，但它不是實現集體福祉的唯一前提。事實上，還有其他先決條件，例如個人的道德感，像是不辜負他人信任的本能，以及對他人的關懷，這才是啟蒙思想家所提倡的道德。我說的不是某些宗教導師口中那種，「為了進天堂而犧牲與行善」的行為。那固然具有一定的功能價值，但那不是道德，是成本效益分析。

然而，我同時也明白，世上仍有許多宗教實踐者，他們行善並不是為了獎賞，而是認同那份價值本身；在這一點上，他們與我並無二致。我對宗教的態度不同：我不相信上帝，但我相信一種與神無關、卻同樣深刻的道德。那是一種源自「關懷他人」的生命姿態，是對世界與他人負起責任的方式。

在我看來，這樣的道德意味著給予人們選擇的自由，只要那份選擇不會對他人造成傷害；它意味著保有對世界最基本的善意與慈悲，哪怕那份善意並不總是被回報；它意味著在看待他人時，不再被種族、宗教、國籍、性傾向或各種身份標記所限制，而是把所有人視為同樣的人類。

當我們試著這樣去看待彼此，就會發現，我們並不需要回望太久遠的歷史，就能找到一個無可辯駁的事實：我們同屬一個起源。我們來自同樣的故事，而曾經讓我們彼此對立、充滿戒心的那些標籤，原來是如此表面，如此微不足道。

不可或缺的善良與同情心

對我來說重要的道德，是培養基本的善良和同情心，平等對待所有人，不論種族、宗教、國籍、性取向和其他身分標誌。我們不需要回顧多遠的歷史，就能發現我們的共同起源，並意識到其中一些差異是多麼膚淺。

如果說對個人進步的追求，是推動經濟發展的燃料，那麼我們的道德，就是維持經濟這個複雜機器運作的關鍵。我在一九八三年發表了一篇標題冗長的短文《論為什麼我們不會坐完計程車後不付錢就走？》在文中指出，我們不會這樣做，是因為除了我們要求自己表現更好之外，我們還有一些根深蒂固的行為準則。如果我們必須依靠警察和法院來執行每一份合約，例如司機將我送到目的地後，我一定要付錢才能離開這樣的隱性合約，那麼現代經濟早就不復存在。

坐完計程車後不付錢就跑走很容易。但是，如果每個人都這樣做，以後就不會有人要開計程車了。因為我們具有基本的道德價值觀，也就是在別人做了他或她該做的事後，我們也會做我們該做的事，所以我們——至少是大多數人都會付錢，正是這種保證說服了計程車司機載我們一程。

令人驚訝的是，許多主流經濟學家不願意承認，有任何人做任何事是出於道德。他們認為，我們付錢的原因不是道德，而是因為計程車司機通常身材魁梧，如果我們不付錢，就會被計程車司機痛打一頓。這些新古典經濟學家（neoclassical economics）沒有意識到的是，如果他們的論點正確，計程車司機大可威脅你以取得第二份收入。根據這個論點，他們能拿到至少兩倍的車資。計程車司機通常不會這樣做，這一事實顯示人們通常都會遵守規範，當然，也不排除少數新古典主義傾向的司機可能會這麼做。如果他們不這樣做，就不會有乘客搭乘計程車，計程車系統也會崩潰。[15]

確實，在不同社會中，人們遵守這些規範的程度會有差異。因此，某些社會中的計程車市場，比其他社會中的計程車市場運作得更有效率，從而顯示經濟市場不僅僅依賴個人的理性行為。

有這麼多的市場能合理順利地運作，這個事實顯示，我們確實遵守了一定程度的道德和社會規範，[16] 儘管對我們個人來說，單方面違反這些規範可能會更有利。[17]

它提醒著我們，遵守這些道德規則並培養天生的利他主義有多重要。其中一些價值觀會相互衝突，從而引發道德兩難。因為，雖然這基本上是一本不道德的書，旨在向你展示如何以最佳方式，實現你想要實現的任何事情，但我希望你不僅會實現對自己有利的目標，同時也能實現有益於整個社會乃至宇宙萬物的目標。這讓我想起了，羅素在一九一四年八月十五日第一次世界大戰前夕，在《國家》（*Nation*）雜誌上發表的那篇言論。提醒著他的同胞對維護人類，做出更崇高的保證，他寫道：

> 敵人和我們一樣是人，沒有好壞之分——他們熱愛家園和陽光，以及日常生活中所有簡單的快樂。而所有這些瘋狂，所有這些憤怒，所有我們文明及其希望火焰的消亡，都是因為一群過著奢靡生活的官紳，選擇讓這種情況發生，而不是讓他們之中任何人的國家自豪感極輕微的受挫……

當然，戰爭是終極賽局。本書中的推理會教你如何取勝，但是，知道如何取勝並不意味著你必須取勝。就道德而言，生活中有許多賽局，我們有義務不去試圖贏得勝利。

在最後三章中，我們將探討事關全體人類的問題，例如氣候變遷和戰爭。我們怎樣才能避免這些危險？這已經不只是自助，而是團助。有趣又矛盾的是，這要求我們用賽局理論超越賽局理論。它不僅讓我們思考該如何參與人生賽局，也讓我們思考可以如何改寫賽局規則。

第二章

日常生活中的賽局理論

賽局理論是對互動理性行為的分析：保持理性，同時也要考慮到其他人的理性。第一個要求原本就是傳統社會科學的重點，因此互動部分才是賽局理論最與眾不同的特性。他人的理性比乍看之下要複雜得多，因為其他人會如何選擇，又反過來取決於他們認為你會如何選擇。[1]

不過，就連要求我們自身保持理性，也不是一件容易的事。要做到這一點，你在做出選擇之前，必須掌握所有可以採取的行動或策略，然後選擇能夠最大化你所追求的東西（收益，payoff）的行動。賽局理論對於人們的收益回報是什麼、來自哪裡，沒有多餘的說明，這完全取決於玩家的意志。一旦確定目標，玩家就從可選的行動（可行集，feasible set）中進行選擇，以最大化他們的收益。但是，有時我們會被一時的衝動或習慣左右，反而偏離更大的目標。

慢跑值得嗎？

很多年前，我曾以一種有點瑣碎的方式被提醒了這一點。我不知道從哪裡聽說來的，「每慢跑十分鐘，你的壽命就會增加八分鐘」，這聽起來很划算。一週五天，每天慢跑半小時，壽命就能增加兩小時；也就是預計可以在地球上多存活兩個小時。只要每週堅持下去，壽命就能大幅拉長。這聽起來太划算了，所以我開始經常慢跑。

後來有一天，我在外面跑著跑著，突然問起自己，我人生的目標是什麼。或者，用賽局理論的語言來說，我的收益函數是什麼？我想最大化我在地球上的時間，還是最大化我在地球上非慢跑的時間？如果是後者，那麼每當我慢跑十分鐘，我就會失去在地球上非慢跑的兩分鐘。這麼一想讓我差點停下腳步。

在那之後，我好幾次開始慢跑又中途而廢，這並不是因為不理性，而是因為我還沒想好我真正的收益函數是什麼。

這個故事的訊息很明確。在做出正確的選擇之前，你需要知道你的收益函數是什麼。這是一個簡單的公理，但值得提醒自己，特別是當我們在生活中面臨困難的決定時，很容易見樹不見林。正是因為我們偶爾會忽視這一點，才為心理諮商和自助書籍提供了生存空間。

想在其他玩家（主體，agent）各自追求自身利益的情況下做出決策，情況將更加複雜。我們每天都會遇到這樣的情況，你必須考慮到其他人也是有思想的生物，也有自己的目標和抱負。正如我們所見，在戰爭和外交中是如此，在企業和公司之間的競爭中也是如此……而印度寺廟外的情況也是如此。

你以為只有你有爺爺嗎？

對於孩童來說，到寺廟參拜是有點可怕的經歷，因為經常會有小偷藏身在熙熙攘攘的人群之中。進入印度寺廟時必須脫鞋，在那個年代，鞋子通常會堆放在外面。因此你經常會在參拜完後發現——雖然你可能在其他方面得到了神的保佑，但鞋子卻消失了。

高中時我設計出了一個反制小偷的有效招術。印度寺廟通常有多扇門。我的方法是將一隻鞋放在一扇門的鞋堆裡，然後連走帶跳地到另一扇門，把另一隻鞋放在那裡。然後我就可以放心地入內祈禱或參拜神像，而不用擔心鞋子被偷，害我不得不光腳回家。我把這個方法教給了我的兄弟姊妹和親戚，結果在家族內被譽為護鞋寶典。

這跟賽局理論有什麼關係？實際上，我在想出這個方法之前，我先思考自己想要什麼，然後進一步思考小偷想要什麼。不過，如果小偷也想到了我會用什麼方法來阻止他們，我的策略效果肯定會下降，因為小偷會學會挑選漂亮的鞋子，即使它們不成對，然後再衝到其他門去湊齊一對。幸運的是，我們成功地將這一招保密為家族祕訣。

賽局理論最重要的教誨之一，就是不要低估他人的理性。就拿賣帽人的故事來說，有這麼一個賣帽人帶著一大堆帽子，在印度的偏遠地方從一個村莊走到另一個村莊。[2] 有一天他走著走著突然感到困倦，所以決定把貨物都放在樹蔭下，睡個午覺。等他醒來後大驚失色，因為所有的帽子都不見了。他發現原來是猴子從樹上下來查看，把帽子都拿去戴了。眼看貨物都沒了，賣帽人氣極敗壞之下摘下自己的帽子扔在地上。而我們知道，猴子是絕佳的模仿者。所以很快地，所有猴子都把帽子往地上扔。賣帽人鬆了一口氣。他收拾好所有的帽子，繼續賣帽子去了。

四十年後，他的孫子繼承家業，也成為了賣帽人。當他從一個村莊走到另一個村莊時，突然想小睡一會兒。於是，他也放下帽子睡覺去了。當他醒來時，發現帽子都被猴子拿到樹上去戴著了。他也不是什麼財大氣粗的人；他該怎麼辦？這時他想起了祖父的故事。於是他鬆了一口氣，脫下帽子扔在地上。結果有一隻猴子爬下樹，撿起他的帽子，牢牢地夾在腋下，還走到賣帽人面前給了他一巴掌，說：「你以為只有你有爺爺嗎？」

生活中沒有什麼是確定的

這個故事的教訓就是賽局理論的本質。在本書中，我們還會看到更多這樣的例子：雖然我們理性，但是沒有考慮到所有其他主體的理性，因而導致決策錯誤。許多旨在改善民眾行為的政府福利計畫之所以失敗，就是因為政府在設計這些計畫時沒有考慮到執行執法任務的官僚，如公務員、警察、地方法官等，也是理性的主體，有自己的目標和動機，這是許多傳統經濟學的根本缺陷。

芝加哥法學與經濟學派（Chicago school of economics）認為，法律之所以能影響行為，是因為它改變了我們從特定行為中得到的收益。當新的速限法上路後，想開快車的人會像以前一樣考慮發生事故的風險，但現在除此之外，他們還會考慮因超速而被警察攔下，最後被罰款的機率，正是這種額外的成本改變了行為。

而警察應該要像機器人或聖人一樣，機械地依法行事。[3] 這個缺陷意味著主流經濟學無法解釋，為什麼法律經常執行不力，以及為什麼在許多國家，一個人在被發現違法後，可以不繳納罰款，而是支付較低額的賄賂，而這些賄賂款會進入警察的口袋，而不是國庫。

我們生活中的許多失敗，都是因為我們沒能換位思考。本書的主要課題之一，就是盡可能準確且冷靜地進行同理心練習。它可能會帶來意想不到的好處。

例如，搭乘飛機時，大多數人都希望旁邊是空位。多出的空位可以讓你放書、放枕頭或放筆記型電腦，或者讓你單純享受額外的空間。當你與伴侶或朋友一起旅行時，你會希望坐得近一些，但如果你們之間有空位那就更好了。

所以你可以這樣預訂座位。尋找同一排的連續三個空位，然後預訂三個位置中靠兩端的座位，留下中間的空位。當飛機逐漸坐滿時，你和你朋友之間的一個座位很可能會空著。如果是的話，你們就可以共用旁邊的空位，或者你們中的一個人可以移過去，享受彼此的陪伴和一個免費的相鄰空位。

當然，也有可能飛機會坐滿，最後會有人坐進你們兩人之間的座位。如果發生這種情況，你可以要求那個人和你們中的一個人換位置。大多數人都討厭夾在一對愛說話的朋友之間，這意味著那個人會主動同意交換。因此你要麼獲勝，要麼平局。

當然也有很小的可能性，你們兩人之間的乘客，正好是個喜歡插在別人中間的人。在這種情況下你會輸，但是這種可能性很小，所以可以安全地忽略它。但如果發生這種情況，就把它當作來自懷疑主義哲學的一個提醒：生活中沒有什麼是確定的。

賽局理論的起源

一八三八年，法國數學家古諾（Antoine Augustin Cournot）出版了如今聲名大噪的著作《財富理論的數學原理研究》（*Recherches sur les principes mathématiques de la théorie des richesses*），該書提出了關於均衡（equilibrium）的思想，試圖理解當某種商品只有少數幾個生產者時，他們之間的競爭會呈現什麼樣的樣貌。四十五年後，在一八八三年，另一位法國數學家柏特蘭（Joseph Bertrand），在他所撰寫的一篇文章中，關於古諾著作的評論，進一步改善其中一些想法。

古諾的開創性著作背後的基本思路很簡單。在決定策略時，每個玩家都會分神注意其他玩家正在使用的策略。如果在知道其他人會如何選擇的情況下，每個玩家仍滿足於堅持自己的策略，那麼我們就達到均衡。即沒有人會想要獨自偏離這種情況。

柏特蘭的書評極具歷史意義，原因有二。首先，古諾著作的出版（1838）和書評的發表（1883）相距「整整四十五年」，這段時間差已經足以刷新紀錄。其次，我不確定是否有其他書評，能催生出以評論者名字命名的概念，例如從柏特蘭的書評中歸納出的「柏氏競爭」（Bertrand competition）。

現代賽局理論中的關鍵人物

關於均衡的想法曾出現在早期的桌上型賽局研究中，例如西洋棋和橋牌。 其中一項精采定理是在一九一二年，由德國數學家策梅洛（Ernst Zermelo）在西洋棋的背景下所證明。在西洋棋中，有時先手（執白棋）會獲勝；有時後手（執黑棋）獲勝；有時還會出現平局。策梅洛證明的是，會出現這些不同的結果，只是因為我們的思考能力有限。確實，即使是由最精密的電腦來下棋，其分析和計算能力也是有限的。然而，策梅洛定理告訴我們，如果兩個完美的棋手下棋，結果一定是白棋總是贏，或是黑棋總是贏，又或是總是平手。

很重要的一點是，我們要知道，這項定理不是只為了證明，在每場賽局中會出現這三種結果之一。畢竟這一點非常明顯又無關緊要，根本不需要數學家去證明。

策梅洛想證明的是，對於完美的棋手來說，一旦你讓他們下棋並看到結果，你就會對未來所有比賽的走勢一清二楚。西洋棋中的賽局應用之所以令人著迷，正是因為我們的推理能力有限。

在二十世紀，數學接二連三取得重大突破，集大成的則是馮諾曼（John von Neumann）和摩根斯特恩（Oskar Morgenstern）的著作《賽局理論與經濟行為》（*Theory of Games and Economic Behavior*）。這本書於一九四四年出版，書中概述賽局理論的完整理論，並嘗試將賽局理論的數學結構與社會科學，兩者相互結合並加以應用。

在那之後，約翰．納許於一九五〇年和一九五一年發表了三篇論文，這三篇論文很快就成為開創性的論文，建立了對合作和非合作賽局理論創立至關重要的定理。因此約翰．納許可說是現代賽局理論中最重要的人物。

與天才為伴

我對賽局理論其實一直沒有直接涉入。我研究的是其他領域，所以對賽局理論的認識相對缺乏系統性，不過我對它的哲學基礎，以及它所引發的悖論特別感興趣。一九七〇年代初，我還在倫敦經濟學院求學時，這門學科還很少被人提及。我的博士導師、後來獲得諾貝爾經濟學獎的阿馬蒂亞．沈恩（Amartya Sen）是個例外；我的確從他的講學中學到了一些賽局理論的要素。[4] 但只要談到賽局理論，在我心中占有特殊地位的還是約翰．納許。

二〇一五年五月二十三日，我和妻子在維吉尼亞州過週末，去參觀了麥迪遜[一〇]（James Madison）

的故居和美國憲法的誕生地，在開車返回華盛頓特區的途中，女兒打電話來告訴我們一則噩耗。約翰・納許和他的妻子艾莉西亞，不久前在新澤西收費公路上車禍身亡。這則消息的殘酷程度讓人難以想像。一位如此天才的人物，在與思覺失調症鬥爭了一生之後，怎麼會以如此平庸的方式離世？

約翰・納許去世的消息讓我回想起我們第一次見面的情景。一九八九年，我在德里經濟學院休假期間，擔任普林斯頓大學的客座教授。那時，納許的思覺失調症已經緩解。人們常看到他在普林斯頓的草坪上連續漫步幾個小時。對普林斯頓居民來說，他只是風景的一部分，不特別引人注目。對我和我的同事哈伯瑪斯一一（當時他也是客座教授）

一〇　美國開國元勛、第四任總統　。因在起草和力薦《美國憲法》和《權利法案》中的關鍵作用，而被譽為「憲法之父」。

一一　于爾根 哈伯瑪斯（Jürgen Habermas，1929 年 6 月 18 日一），德國當代最重要的哲學家、社會學家之一，為西方馬克思主義法蘭克福學派第二代的中堅人物。

來說，感覺就很微妙了。我們在教室裡分析或應用「納許均衡」和「納許談判解」，而這些概念據以命名的人，就在教室外的院子裡踱步。

有一天，哈伯瑪斯設法邀請到約翰・納許和我們一起，到普林斯頓大學的自助餐廳吃午餐。能與天才為伴實在很令人興奮，儘管他話很少，而且似乎不時陷入自己的沉思之中。那頓午餐還在我的腦海裡留下生動的一幕。那是另一位經濟學家友人、後來獲得諾貝爾經濟學獎的阿比吉特・班納吉（Abhijit Banerjee）的反應。

阿比吉特看到約爾根和我在那裡，就過來加入我們。我們向他介紹在座的另一位，是提出「納許均衡」的約翰・納許本尊時，就好像看到一個年輕的文學系學生，正打算坐下來與朋友一起吃午飯，結果卻聽到桌上的第三人是莎士比亞（William Shakespeare）一般。

名為理性的限制

約翰·納許最重要的論文，都是在他二十五歲之前完成的，在他二十多歲晚期因思覺失調症而倒下之前，他的創作期就結束了。他在三十歲時被關進精神病院，接下來的三十年他一直在與偏執和妄想搏鬥。這裡需要指出的是，對約翰·納許來說，思覺失調症的緩解不完全是好消息。正如他在一九九四年獲得諾貝爾經濟學獎後，他所寫的自傳中所言，回歸理性「不完全是一件像從身體殘疾，恢復到四肢健全那樣令人欣喜的事。其中一個關鍵是，思維的理性對個人與其宇宙關係的概念施加了限制。」他還談到，先知查拉圖斯特拉如果沒有別人所說的「瘋狂」，那他將會是多麼淺顯。[5]

納許的全名是小約翰·福布斯·納許（John Forbes Nash, Jr.），於一九二八年六月十三日出生於西維吉尼亞州布魯菲爾德。很早就被公認為神童；二十二歲就取得普林斯頓大學數學博士學位。他的博士論文和他的創作生涯一樣短：只有二十八頁。他的最著名的論文之一是他博士論文的一部分，僅用了一頁又幾行字，就闡述出賽局中「非合作均衡」存在的條件。這篇論文簡潔到一九九〇年代末康乃爾大學經濟系研究生設計了一款 T 恤，能將整篇論文印上去。在這裡我要坦白：我第一次讀到這篇論文就是在這款 T 恤上。

在納許的眾多貢獻中，被發揮到極致的是「納許均衡」的概念，它被用於理解寡占企業的行為、金融市場的動向、政治競爭以及衝突中的戰略制定，例如古巴飛彈危機期間。

若有機會遇見納許，我們會聊什麼？

我第二次見到納許時，他已經成為世界名人了。一九九四年，他與哈薩尼（John Harsanyi）和澤爾騰（Reinhard Zelten）共同獲得諾貝爾獎，並成為好萊塢熱門電影《美麗境界》（*A Beautiful Mind*）所描繪的主角，由羅素．克洛飾演他。二〇〇三年一月，納許參加了在孟買舉行的會議，這次會議請到了好幾位重量級的經濟理論家，其中包括奧曼[一二]（Robert Aumann）、邁爾森[一三]（Roger Myerson）和阿馬蒂亞・沈恩。

來聽納許演講的人很多，其中不乏寶萊塢的知名演員，也許他們是期待能看到羅素・克洛（Russell Ira Crowe）。但這次演講令人失望，因為納許試圖解決一些實際的政策問題。但他太像哲學家以賽亞・伯林[一四]（Isaiah Berlin）所說的「刺猬」[一五]了：

一二　美國和以色列經濟學家，以色列耶路撒冷希伯來大學合理性研究中心教授，猶太人。因為「透過賽局理論分析改進了我們對衝突和合作的理解」與湯瑪斯 克倫比 謝林共同獲得二〇〇五年諾貝爾經濟學獎。

一三　美國經濟學家。二〇〇七年，羅傑 梅爾森與里奧尼德 赫維克茲、埃克里 馬斯金因「機制設計理論」而獲得諾貝爾經濟學獎。

一四　出生於一九〇九年，俄裔英國社會與政治理論家、哲學家和觀念史學家。伯林關於自由理論和價值多元主義的著作，以及他對馬克思主義和共產主義的批評，對後續思潮有重要影響。

一五　「刺蝟和狐狸」的寓言源自古希臘詩人阿爾基羅庫斯，他說，「狐狸懂得很多事情，但刺蝟只懂得一個大事情」。伯林在論文中引述了這個寓言，他將哲學家歸為刺蝟型和狐狸型：刺蝟型是指僅透過單一觀點或系統來觀照世界的人，例如柏拉圖；而狐狸型則是追尋多種不同經驗事物，並將其雜糅為一體。

他善於深入專注於一件事，但是他不像狐狸，無法縱橫於多個話題，所以在演講中顯得力有未逮。

第二天，當我準備發表自己的演講時，驚訝地發現約翰．納許走進來還坐在前排。我很激動但也很緊張。當約翰．納許本人就坐在我面前時，我該如何談論「納許均衡」？結果我根本不必擔心。他不到五分鐘就睡著了，直到我的講座結束才醒來。我演講完後，他大步走向我。我們都聽說過那些天才的故事，他們在睡夢中也能跟上你，並提出尖銳的問題。我提起全副精神準備接招，並隱隱期待他可能提供什麼樣的深刻見解。

他問我：「你知道男廁所在哪裡嗎？」

那是我最後一次見到約翰．納許。

囚徒困境

一九五〇年代初，普林斯頓大學的數學家塔克（Albert Tucker）到史丹佛大學數學系訪問。由於空間分配有點混亂，他最後是用了心理學系的辦公室。於是他就在那裡，大門敞開，彎腰伏案，不知疲倦地寫寫畫畫。有一天，史丹佛大學的一位心理學教授突然來訪，說他和同事們對塔克所做的事情很好奇，問他願不願意舉辦一場研討會。

塔克爽快地答應了。當時他正在研究一種由蘭德公司（RAND Corporation）的弗勒德（Merrill Flood）和德雷舍（Melvin Dresher）發明的賽局。蘭德公司是非營利組織，於第二次世界大戰後成立，專門從事軍事戰略研究。

賽局由三個部分定義。首先，必須確定一組特定的玩家。其次，每個玩家必須有一套明確的策略，或準備一套可行的行動可供選擇。第三，每個玩家必須有一個明確定義的收益函數，該函數指定在每個人選擇自己的策略，或行動後玩家所獲得的收益或效用（utility）。但以純數字或符號來呈現，顯然會讓心理學系的人興致缺缺。塔克知道他需要以故事的形式呈現，所以想出了一個名為「囚徒困境」的故事。

最好的選擇？

塔克的囚徒困境故事如下。有兩人因涉嫌共同犯罪而被捕，並被關押在不同的牢房。一位地方法官在決定對他們的懲罰時，突然想出了一個絕妙主意。他告訴兩名囚犯，他們必須各自在一張紙上寫下「招認」或「不招認」。

如果兩人都坦白招認，罪行就被揭穿了，兩人都將被判處十年監禁。如果兩人都不認罪，那麼還是有獨立證據證明他們犯了罪，因此地方法官將判處他們各兩年監禁。如果其中一人認罪，另一人不認罪，那麼不認罪的一方不但犯了罪，現在還做了偽證。所以地方官將判她入獄二十年。另一名囚犯可能犯了罪，但由於他非常合作，所以地方法官決定釋放他，不予監禁。在這裡我們先不去分析法官的理智狀態。

困境在於：面對這些選擇，兩名囚犯會如何表現？兩名囚犯的命運不僅取決於自身的選擇，還要看另一位囚犯怎麼選擇。囚徒困境中發生的事情令人驚訝，至少乍看之下如此，這也是為什麼這個賽局如此具有代表性。

你會如何選擇？

要知道會發生什麼，請把自己置於囚犯的角度來思考。首先假設另一名囚犯會招認。你應該怎麼做？顯然，你應該招認，因為這樣你會被判十年監禁，但如果你不招認，你會被判二十年監禁。接下來，假設另一名囚犯選擇不招認。那麼，你當然應該招認。這樣的話你根本不會被監禁，但如果你選擇不招認，你將被判處兩年監禁。

簡而言之，無論另一位玩家怎麼做，你都最好承認罪行。如果兩位玩家都這麼想，那麼他們都會選擇認罪，並各自在監獄裡度過十年。任何一方玩家都無法單獨改變現狀。簡而言之，雙方都承認犯罪，是唯一的平衡。

囚徒困境是一個悲劇。如果兩名玩家都選擇不認罪，那麼他們兩人的境遇都會更好，每人只需入獄兩年。但諷刺的是，由於他們都是理性且自利的個體，所以他們最終損害了自己的利益。

這就是為什麼這個賽局如此出名：它是一個鮮明的例子，說明所有個體出於純粹個人利益的舉動，最終可能不利於任何人的個人利益。它終於對亞當・斯密的「無形之手」提出了警告。儘管在某些情況下，「無形之手」確實會發揮作用，在不知不覺中引導自私的個人達到最佳結果，但認為情況總是如此則是愚蠢的。

如何在賽局中尋求均衡？

生活充滿了能與囚徒困境相印證的情況。其中最引人注目的是氣候變遷和環境破壞。如果我們每個人都維護自己的利益，並在此基礎上做出決定，我們可能會繼續對環境造成巨大的破壞。瑞典氣候行動家桑伯格[一六]（Greta Thunberg）對這種自私行為表達不滿完全合理。每當有人燃燒煤炭時，真正燃燒煤炭的人只承擔了極小一部分成本，因為煙霧會飄散到空氣中，影響每個人。

在大眾媒體上我們常聽到有人說，採取個人行動制止環境被破壞，符合他們自己的利益。這聽起來不錯，但不幸的是，事實並非如此。同樣地，採取行動防止環境破壞，通常也不符合你自己的利益，因為你是一個太小的參與者。這有時被稱為公地悲劇（tragedy of the commons）：我們可能會一起失去一樣公共財，因為，就個人來說，能拿多少就拿多少是理性的。這裡需要的是超越個人的眼前利益。

囚徒困境的另一個明顯例子是軍備競賽。對於每個國家來說，建立自己的毀滅性武器軍備通常是值得的，目的是超越潛在的競爭對手。但是當所有國家都這樣做時，所有人就又回到了原點，可能還會升高爆發核戰的風險，而且大量的資源從必需品

一六　出生於二〇〇三年，瑞典環保少女，曾為警惕全球有關全球暖化及氣候變遷等問題而在瑞典議會外發動「氣候大罷課」，並在聯合國氣候變遷大會（COP24）上發言。

轉移到製造和儲存武器。而我們只有透過跨國協議和合約的形式，引入新的賽局規則，才能打破這種局面。

獵鹿賽局

另一個值得納入我們分析力智庫的是「獵鹿賽局」（Stag Hunt），也稱為協調賽局（Coordination Game）或保證賽局（Assurance Game）。獵鹿賽局可以追溯到十八世紀中葉哲學家盧梭（Jean-Jacques Rousseau）的《論不平等》（*Discourse on Inequality*）。這種賽局有很多種變體。我在這裡簡單介紹一下核心概念。

假設一場賽局有十名玩家。他們要去獵鹿，每個人都必須選擇是要獵捕雄鹿（S）還是獵捕野兔（H）。每個玩家必須根據個人情況決定自己的策略。獵捕雄鹿並不容易。只有所有十名玩家都選擇去獵鹿，他們才能成功。以下是收益。如果十個人都選擇獵殺雄鹿，他們就能一起抓到雄鹿，每個玩家將獲得八美元的獎勵。如果大家都選擇獨自進行獵兔活動，得到的錢就會少很多，只有 2 美元，但至少不會造成混亂。如果有些人選擇 S，而有些人選擇 H，那麼森林裡就會一片混亂，雄鹿會四處亂衝，所有人都將一無所獲。

我們可以輕易看出，這個賽局存在著特定的均衡結果。一旦我們達到其中一個結果，任何個人都無法透過單方面行動，從賽局中獲得更多利益。一個明顯的結果是每個玩家都選擇 S。每個人都會得到 8 美元，不會有人因自身利益而脫隊，因為這樣做得到的是零元。另一個結果是每個人都選擇 H，那麼每個人都會得到 2 美元。玩家可能會感嘆團隊陷入了一種糟糕的均衡，但沒人能以個體身分擺脫這種平衡。只要有人脫離 H，大家只會得到零元。

最後，還有一類結果是：沒有人能夠透過單方面改變來取得更好的結果。假設有兩個或更多玩家選擇 S，且有兩個或更多玩家選擇 H，那麼所有人都一無所獲，但同樣沒人能單方面地扭轉情況。

無政府狀態下的賽局

這就是無政府狀態的產物，但這是每個個體都無助的無政府狀態。這種賽局向來是經濟學家和哲學家有興趣的課題，他們試圖解決可以追溯到霍布斯[一七]（Hobbes）、盧梭和休謨時期的集體行動和領導問題。[6]

三種賽局形式

比起囚徒困境，保證賽局或獵鹿賽局有一個優勢。一旦所有玩家都選擇S，並達到了「良好均衡」的狀態，就不需要任何外力來維持現狀。停在那裡符合每個人的利益。在簡化的雙人版本中，顯然有兩個均衡點，（S、S）和（H、H）。在囚徒困境中，兩個玩家也可以透過合作獲得成功，但如果沒有外力，這種結果就無法維持，因為偏離更符合玩家自身利益。

到目前為止，我們討論的都是玩家同時行動的賽局，或是整體而言，每個玩家在不知道其他玩家選擇什麼的情況下，採取行動的賽局。然而，我們可以創建這種賽局的變體，標明時間，讓一個玩家先行動，再讓其他玩家看到後選擇他們的行動。玩家按順序採取行動的賽局，稱為擴展形式賽局（extensive-form game）。而玩家同時行動的賽局，例如囚徒困境和保證賽局，稱為戰略形式賽局（strategic-form game）或正常形式賽局（normal-form game）。之後我不太會提到這些術語，因為從上下文中可以清楚看出，我們在談論哪一種。

以獵鹿賽局的變體為例就很清楚了。賽局規則與上述相同，但總共只有兩名玩家。假設收益相同，但玩家一率先在 S 和 H 之間做出選擇，然後在看到玩家一的選擇後，玩家二才會做出他的選擇。要猜出在這樣的賽局中會發生什麼事非常容易。玩家一可以輕易看出，如果她選擇 S，那麼玩

一七　出生於一五八八年，英國的政治哲學家，現代自由主義政治哲學體系的奠基者。

家二也會選擇 S；如果玩家一選擇 H，那麼玩家二也會選擇 H。

既然我們已經開始探討均衡的概念，因此更正式地介紹這個想法可能會有所幫助。

納許均衡

均衡的概念主要歸功於約翰·納許的開創性著作，他也提供了正式的定義和名稱。納許均衡的定義很簡單。在任何賽局中，在所有玩家都選擇了自己的行動之後，如果每一玩家都發現，單方面偏離至其他行動不會更符合自身利益，那麼所有玩家選擇的這組行動，就構成了「納許均衡」。

在獵鹿這樣的賽局中，這意味著在所有玩家在 S 和 H 之間做出選擇之後，如果結果顯示，鑑於其他所有玩家的選擇，沒有一個玩家能夠透過改變自己的行為而過得更好，那麼我們就達到了納許均衡。[7] 在雙人版本中，只有兩種納許均衡：雙方都選擇 H 以及雙方都選擇 S。

在十人版本中，如我們所見，還存在另一種納許均衡。即兩個或兩個以上的人選擇 H，且兩個或兩個以上的人選擇 S。在這種情況下，所有人都一無所獲，但是，正如我們在上一節中看到的，沒人可以透過單方面偏離而過得更好。這有點像霍布斯關於自然狀態的著名觀點：人們過著完全個人主義的生活，沒人能憑一己之力改變這一點。[8]

事實證明，納許均衡的概念，是思考現實生活問題的有用工具，特別是涉及人類合作，還有解決集體行動問題的能力。它也是分析慣例和憲法作用的良好工具，並幫助我們形式化並更加明白啟蒙哲學家的哲學思想。

我在後面的章節會再回顧這些問題。現在我想要做的是讓讀者了解，納許關於賽局中存在均衡的著名定理。一個長期困擾眾人的問題是，雖然我們知道如何定義均衡，但我們無法確定均衡是否存在，特別是在大型複雜的賽局中。像上述提及的那種簡單例子很容易就能回答，只要把所有可能的結果都推算出來就行了。

零和遊戲與賽局理論

同樣地，我們可以創建出能輕易檢查是否存在均衡的簡單賽局。例如零和賽局（zero-sum game），其中兩個玩家必須在 A 和 B 之間做出選擇。你贏了，我就輸了。現在假設有一個特定的零和賽局，如果兩個玩家都選擇 A 或都選擇 B，則玩家一獲得 1 美元，而玩家二獲得 -1 美元；除此之外的其他結果，玩家一獲得 -1 美元，玩家二獲得 1 美元。在這場賽局中，你可以輕易看出，無論結果為何，總有一名玩家會想要改變自己的處境。因此，這場賽局不存在納許均衡。

現實生活中有很多情況其實都是零和賽局。比如當兩個國家，爭奪在一個偏遠島嶼上發現的黃金時，他們就陷入了一場零和賽局。一個國家的所得就是另一個國家的所失。然而，人們常常錯誤地把所有國家間的衝突，視為零和賽局，但事實並非如此。當兩個國家商議建立新工廠時，如果他們合作，就可以分享合資企業的巨大產出，但如果他們爭鬥，則可能什麼也生產不出來。在這些非零和賽局中存在著合作的空間。

固定點理論

在上述賽局中，均衡或不均衡的情況一目了然。但現實更為複雜，複雜的戰爭、外交和金融戰略賽局事關數百萬人。在分析這些賽局理論時，很重要的一點是，要知道哪些賽局可能達到均衡。

事實證明，這個問題極難回答。它在很長一段時間內一直是一個黑盒子，原因很簡單：我們需要一個純數學定理才能解開它。這個數學問題在一九四一年由數學家角谷靜夫（Shizuo Kakutani）解決了，他的解決方案現在被稱為角谷固定點定理（Kakutani's fixed-point theorem）。後來這個定理被約翰・納許採用，他將這個論點用於描述必然存在至少一種均衡的賽局。

在這裡我們不必深入探討其中的數學，但可以用一道謎題來思考固定點論證。把這當作一種思考鍛鍊——用直覺思考來解決問題，並把注意力放在是什麼構成「證明」。

一天早晨，一名男子在早上六點從山腳出發，沿著山路向上攀登。攀登的路程漫長費力。他走走停停，有時走得慢，有時走得快，最後在下午六點到達山頂。

隔天早上六點，他開始下山，沿著同一條路走，並在傍晚某個時間點到達山腳下的同一個地方。你必須回答的問題如下：路徑上是否存在一個點，也就是我們說的「固定點」；此外，男子在第一天的上山路程及第二天的下山路程，這兩天位於該點的時間完全相同？無論你的答案是什麼，請嘗試提供支持的證據。

請稍加思考並嘗試證明你的答案後再繼續閱讀，看你的答案是否正確。

答案是：在這個問題中必然存在一個固定點。

不管一個人走得多快或多慢，或休息多少次，情況都是如此。證明如下：第二天，當男子於早上六點開始下山時，請想像有一名女子從山腳開始向上走，但速度與男子前一天行走的速度完全相同。顯然，男人和女人遲早會在路上的某一點相遇，而他們相遇的地方就是固定點。證明結束。

這個答案簡單到讓人不禁懷疑，這是否真的能算是證明。但它確實是的，因為現在所有人都可以清楚地看出固定點存在，這引出關於證明有趣的一點。對於證明是什麼，並沒有嚴格的定義。基本上，當所有理性的人都能看出這是事實時，證明就成立了。由於數學和賽局理論都是嚴謹精確的學科，因此對於是什麼構成「證明」的模糊定義，會讓我們感到困擾。但直覺是無法逃避的。說到底，我們對直覺的依賴程度遠超出我們的想像。

為什麼我們不對老虎生氣？

西洋棋、橋牌和足球是賽局，囚徒困境、獵鹿和核戰也是賽局，儘管結果截然不同。從這個意義上來說，我們可以將生活本身視為一場賽局，而且是一場宏大的賽局，數十億玩家都在追求自己的收益，思量著如何做出選擇。

這場宏大的賽局沒有任何界限，只有物理和生物定律限制著我們的行為，因此被稱為「人生賽局」。[9]學習賽局理論之所以重要，是因為也許我們不下棋或打橋牌，我們能拒絕玩獵鹿賽局，我們也都希望自己足夠幸運，不會被捲入核戰賽局，但沒有人能夠逃脫人生的賽局。因此，學習賽局理論的要素，就是在學如何好好生活。

掌握唯一可控

其實從上面的抽象討論中，我們已經獲得一些，可以引導我們走向更好生活的見解。我們在描述一場賽局時，會明確地指出，玩家可以從他或她可行的行動或策略中進行選擇，這是玩家唯一能控制的事情。

在賽局理論中，我們不討論人們對其他人的所做所為，所產生的怨恨和憤怒。其他人的行為，包括他們可能如何受到你的影響，就像桌球的移動一樣，是生活中無可奈何的部分。你不可能改變這些自然「法則」；因此，煩惱這些是沒有意義的。

這是我們可以從賽局理論中，學到的人生道理之一。對他人的選擇或行為感到憤怒和怨恨，大多數時候都是毫無意義的情緒。一個人可能不喜歡別人的所作所為，但對其他人的所作所為感到憤怒，更多的是傷害到自己，而不是別人。當然，在像西洋棋這類擴展形式的賽局中，我們必須考慮在我們做出選擇之後，其他人會如何選擇，並因此籌劃自己的行動以影響其他人的行動。但其中不需要挾帶怨恨或憤怒。

老虎就是這樣

一個「壞」人，例如，因為他的收益函數是從傷害他人中獲得快樂，就像一隻老虎。我們當然要採取行動阻止老虎傷害我們，但我們不會對老虎發脾氣。

事實上，如果我們在受到攻擊時充滿憤怒和怨恨，那麼我們應對的能力會更差。我們認為這是生活的一部分——老虎本來就是這樣。我們只需要不帶感情地思考應對的最佳策略。

愛與同理心是正面積極的情感，能直接提高我們的收益和幸福感，所以應該加以培養和鼓勵。但憤怒、仇恨和怨恨只會讓我們變得更糟，而且毫無建樹。這就是皮浪、伊比鳩魯和斯多葛學派[一八]所實踐的平靜哲學和生活方式。

但一個人不需要成為斯多葛派或伊比鳩魯派，也能實踐這一點。我們在不同信仰的哲學家、偶爾出現的政治領袖、有神論者和無神論者身上，都看到了平靜的精神。師利．奧羅賓多[一九]（Sri Aurobindo）年輕時為印度獨立奮鬥，曾因此被殖民政府，單獨關在加爾各答的阿里波爾監獄，且長達一年。

在有史以來最優美的監獄散文集之一《監獄生活故事》（*Tales of Prison Life*）中，他討論了單獨監禁如何滋生仇恨、焦慮甚至精神錯亂。一開始他也飽受這類折磨，但終究克服了，而這入獄的這一年，也成為他脫胎換骨的一年，使他最終成為一位精神領袖。用他自己的話說，「我說過被囚禁了一年。但說成在森林、修道院或隱居處生活了一年，或許更為恰當。」[10]

憤怒在賽局理論中的影響

我們經常看到在討論之中，無論是政府和國際

一八　是季蒂昂的芝諾於西元前 3 世紀早期在雅典創立的希臘化哲學流派。該流派關注個人幸福與德行倫理，藉助自身的世界觀與邏輯體系，它主張德行的實踐是達成幸福——享受一種道德的生活——的必要且充分條件。傳人有克雷安德與克呂西普；在羅馬帝國，代表思想家有塞內卡、愛比克泰德，以及羅馬皇帝奧列里烏斯。

一九　生於一八七二年，印度政治人物、哲學家、瑜伽士、上師、教育家、民族主義者、詩人。他被印度人稱「聖哲」，與聖雄甘地，聖詩泰戈爾通稱「三聖」。

組織最高層的政策辯論，還是大學的部門會議，人們是多麼容易失去平靜。當這種情況發生時，演講者的目的就變成在口頭上占上風。如果他們這樣做是為了影響其他人的行為，那麼可能有一定的道理。但當一個人生氣時，通常並非如此。在這種情況下，占上風本身就成為了目的。這是一個值得從理論應用到生活中的教訓：試著落實你的想法，而不是在意口頭之爭。

在給予這個建議時，我希望這個人的收益函數是高尚的，這樣個人試圖實現的就會與社會利益連結。然而，無論我的希望是否成真，不幸的是，上述格言仍然有效。

上述建議有一個附帶警告。如第一章所簡單提到的，有時憤怒確實能影響他人的行為，進而影響賽局的結果。其他人可能會因你的怒氣而感到害怕或後悔，並改變他們的行為。但是，即使是這樣，嚴格來說，你需要的不是憤怒，而是表現出憤怒。因此，憤怒永遠不值得，儘管表現出來的憤怒也許有其價值。

不恨罪人

處理憤怒是一個具體例子，更大的課題則是關於情緒管理，以及滋養幸福和成功。有些情緒會奪走我們的內心平靜，憤怒和怨恨當然在列，此外還有仇恨、嫉妒、惱怒、苦澀、報復、卑鄙、絕望——這份清單長到令人不安，而它們之所以是人類心理的一部分，是有原因的。它們使我們能夠採取在正常狀態下，可能無法採取的行動，而這些行為可能具有生存價值，因此引發這些行為的負面情緒之所以存在，是因為它們經過了自然選擇和演化的考驗。

然而，如果我們能夠訓練我們的大腦直接採取這些情緒幫助我們採取的行動，而不是真正在心中懷有這些負面情緒，我們就可以獲得它們的好處而不會受到它們的負面影響。

要成功做到這一點，我們需要訓練我們的大

腦，將引起這些負面反應的資訊儲存為事實和數據，而不是情緒。然後，我們就可以冷靜地利用這些資訊，做出決定和行動，而不用心煩意亂。這不容易，但也不是完全不可能。如果我們看到某人在欺負別人，我們通常會生氣，並採取措施阻止這個人這樣做。但是，我們有可能訓練自己的大腦別急著生氣，同時仍採取必要的行動，關鍵就在「拿出理性」。

事實上，如此一來我們也許能夠處理得更好，因為情緒平靜時，會帶來更清晰的視野。這個論點印證了許多優秀宗教領袖告訴我們的：「厭惡罪惡，而不是罪人。」此外，正如我們將在第四章中看到的，在「決定論」（determinism）的哲學背景下，「不恨罪人」不僅是人生賽局中的一個好策略，而且也是合乎情理的。

改變你能改變的一切

我在此提出這個論點的最佳例證，來自我們在新冠肺炎疫情期間的親身經歷。疫情的烏雲籠罩一連數年，使得各地普遍出現焦慮和心理健康問題。我們不得不接受更高的住院和死亡風險，並且必須決定是否與朋友見面或去旅行，就連去附近的咖啡館都給日常生活帶來了壓力。每一個決定都會提醒我們，我們身處的世界是多麼危險。

現在稍微後退一步，想一想。如果你從德里開車前往阿格拉[二〇]（Agra），路上車禍死亡的風險，很可能大於接觸到病毒並死於新冠肺炎的風險。但是當你開車去看泰姬瑪哈陵時，你不會感到焦慮。即使是那些了解事故風險數據的人也是如此，而經常在這條路線上行駛的人當然更是如此，例如計程車司機。

原因很簡單。我們不是將這些數據儲存在大腦的情緒部分，而是儲存在理智部分。我們出發時就

二〇　印度北方邦亞穆納河畔一座古老的城市，位於印度首都德里東南約 230 公里，泰姬瑪哈陵的所在地。

採取了一切必要的措施，例如我們會繫好安全帶，提醒自己不要超速，定期檢查剎車系統等。在不假思索地採取這些行動後，我們滿懷喜悅地出發去觀賞阿格拉的宏偉古蹟。這些行動是出於理性思考，而不是恐懼和焦慮，但令人遺憾的是，恐懼和焦慮卻是我們許多人用來度過新冠肺炎疫情的工具。

要克服焦慮，我們需要向高速公路上的駕駛者學習。運用理性（而非情緒）採取正確的步驟，然後，像沒有任何風險一樣地活著。改變你所能改變的一切，然後像羅素的雞一樣地生活。

第三章

焦慮的方程式

自尊是人類幸福的重要來源。感覺受到他人敬重，我們就會有自信並感到滿足。同樣地，如果一個人認為別人看不起他，也可能會感到羞恥、焦慮，甚至憂鬱。

經濟學家經常假設，人類的幸福或他們所說的「效用」或「收益」，取決於一個人的收入和財富水準，而這正是人們試圖最大化的目標。收入和財富確實與幸福、效用和收益之間存在某種關聯。然而，一旦實現了合理程度的經濟保障，想要求得幸福美滿，更大的需求在於尊重和自尊。對於想在學校與同學玩耍的害羞孩子、外向的辦公室職員、社交名媛或隱居者都是如此。

邁阿密人人都有好身材？

生活中，造成我們不快樂和不安的主要根源就是羞恥感。正如美國哲學家納思邦（Martha Nussbaum）在其著作《逃避人性：噁心、羞恥與法律》（*Hiding from Humanity: Disgust, Shame, and the Law*）中寫道：「如同噁心，羞恥也是社會生活中普遍存在的一種情感……我們大多數人在大多數時候，都試圖表現得『正常』……但有時，我們『不正常』的弱點還是會暴露出來，然後我們會臉紅，我們會遮住自己，我們會移開目光。羞恥是人們對這種暴露的痛苦反應。」[1]

羞恥和低自尊導致自卑情結的現象，超乎想像地普遍。失業者或無家可歸者的怯懦也許會流露在外，然而強勢的右翼分子和各式各樣的至上主義者，往往也存在相同的情結，儘管他們百般掩飾。社會運動家克隆尼[二一]（Amal Clooney）在介紹二〇二一年諾貝爾和平獎得主瑞薩（Maria Ressa）的《向獨裁者說不》（*How to Stand Up to a Dictator*）一書時，精準道破這個現象：「諷刺的是，專制領導人經常被稱為『強人』，事實上他們卻無法容忍異議……」[2]

恥辱的根源往往隱藏在我們的心靈深處，專制獨裁的領袖更是比一般人對恥辱感更敏感。心理學家一直在研究這些普遍感覺的根源，哲學家納思邦以及其他人指出，羞恥有時被用來抑制反社會行為，並成為國家不成文法令的一部分。[3]但為避免羞恥而做的努力，可能會導致令人不快的競爭。

正如美國社會學理論家高夫曼（Erving Goffman）在其開創性著作《汙名》（*Stigma*）中所述：「（說到底）美國只有一種完整、不怕羞的男性：年輕、已婚、白人、城市、北方、異性戀新教徒父

二一　英國及黎巴嫩的律師、社會活動家及作家。丈夫為演員喬治．克隆尼（George Timothy Clooney）。

親、受過大學教育、有全職工作、相貌身高體重俱佳、運動方面表現不俗。」

我在這裡想要指出的是，雖然我們的羞恥感大多有著深刻的心理根源，但也有許多是源自單純的推理缺陷。在這種情況下，我們不需要佛洛伊德（Sigmund Freud）和榮格（Carl Gustav Jung）來克服我們的自卑情結，而是需要休謨、羅素和馮紐曼（John von Neumann）來幫助我們找到出路。

低自尊的根源

我不希望過於誇大這一點。我當然知道，生活中有很多例子是低自尊的根源，在於深層的精神分析因素、壓力障礙和童年創傷，這種情況可能需要接受治療和諮商。

但在此同時，有太多時候我們的自卑感，其實源自於推理上的簡單缺陷，導致我們以為自己的處境比實際情況更糟。實際上，我們只需要一點運算能力就能擺脫它。

在繼續分析之前，我應該指出一點，自卑與謙卑截然不同。謙卑源自於認識到我們在浩瀚而複雜的宇宙中，渺小且相對微不足道。謙卑是一種美好的特質，具有鎮靜作用，值得培養。不說別的，它還有一個好處，就是別人無法羞辱你，因為你自己已經做了。

自卑感則是一種有害的情感，因為它等於是拿別人來貶低自己。正如我即將展示的，它往往是源自推理能力不足。我將要使用的論點在經濟學上有著悠久的傳統。

它可以追溯到一九七〇年，當時美國經濟學家阿克洛夫（George Akerlof，1970）發表了關於「檸檬市場」的論文，諾貝爾經濟學家斯蒂格利茨（Joseph Stiglitz）也在同時期發表關於篩選的研究。這些論文引發了經濟學中「資訊不對稱」（asymmetric information）的研究風潮，在此我們不去深入探討這些論文的細節，只簡單地解釋，為什麼許多人在感到自卑時，其實沒什麼好自卑的。

無處安放的自卑

簡單來說，原因如下。大多數人都喜歡向世界展示自己更好的一面。他們在 Instagram 上傳的自拍照，都是光鮮亮麗的時刻：看起來帥氣、美麗——通常比平時更帥或更美、開心愉悅或正享受美好假期。

如果只看到其他人生活中最好的部分，觀察者很容易相信自己的生活明顯不如人，於是他們開始退縮。有趣的是大多數人都不知道，這種推理會產生滾雪球效應，最終對絕大多數人產生不利影響。

就拿邁阿密海灘來說好了。假設為了我們的賽局目的，從美觀的角度來看，人體體格可以分為八類。而我們使用一到八的評分系統來給分，八是可以獲得的最高分，也就是身材可以拿到最高分，而一是最低分。

假設佛州這八種類型各有一千人。然後我們先假設佛羅里達州的人口為八千人。

接著再假設在日常生活中，我們看不到彼此的身體，因為都遮在衣服下，但那些穿著泳衣出現在邁阿密南海灘的人，就可以輕鬆地互相比較。假設人類夠理性，不會堅持成為身材最好的人，但可想而知，也不會有人想處於最底層。一旦他們意識到自己處於下半層，他們就會感到羞恥，並產生情結。基於上述假設，如果有完整的訊息，佛州一半的人口，即獲得一、二、三和四分的那四千人，會對自己感到不滿。

我必須在這裡停下來指出，我們真的沒有理由為此感到羞恥或產生情結，我將在本章的結尾，嘗試說服讀者這一點。我在這裡如此假設，並不是人們應該有這樣的感受，而是許多人「確實」會有這樣的感受。

邁阿密人身材絕佳？

繼續這個思想實驗，進一步假設，如果人們覺得自己的身材處於下半層，他們就不願意穿著泳衣出現在南灘。

我知道這些都是很強烈且具體的假設。但也確實表達了一部分現實，所以可以用來證明生活中異常的動態。

好，讓這個論證繼續往下推導。我們的邁阿密海灘在一個週日首次開放了。所有人都來到海灘，儘管每個人都知道自己的長相，但直到他們來到海灘，才知道自己的身材在整體分布中，處於什麼位置。

到了一天結束時，第一至第四類人會意識到，就身材而言，他們屬於社會底層的五〇%。他們會產生自卑情結，並決定遠離這樣難堪的處境，再也不去海灘了。

到了週一，只有第五至第八類人出現。環顧金色的沙灘，海灘上的人會意識到，第五和第六類人處於下半部分，他們也決定將來遠離這裡。記住，人們不強求處於頂端，但沒人願意處於下半部分。他們會感到羞恥。所以到了週二，只有第七和第八類人會出現在海灘。

現在大家應該都已經知道，週三只有第八類人會出現了。

邁阿密海灘的隱形賽局

這就是均衡，此時海灘上的分布趨於穩定。現在海灘上有一千人，他們的身材都屬於八分的族群，這成功創造出「邁阿密人身材絕佳」的幻覺。只有第八類人出現在南灘，其他人都遠離，這是邁阿密海灘賽局唯一的納許均衡。

一旦達到均衡，日復一日，年復一年，海灘都會是這個樣子，而為什麼會變成這樣的歷史，早已從記憶中消失。在海灘上我們只會看到第八類人。也許有一天，一個身材還不錯的第六類人可能會來到海灘，但他仍然會感到羞恥。透過家裡或飯店窗戶向外眺望海灘的人，可能會以為這就是一般人的身材水準。除了最頂端的12.5%人口之外，其他人都會認為自己屬於下方的50%，而這之中的許多人，會開始出現低自尊的困擾。

其中一些人可能會想到，就像他們自己不出門一樣，有可能其他人也留在家裡。這些人會意識到，普通人不是他們在海灘上看到的那些，而是包括那些像他們一樣謹慎遠離的人。一旦你看透了這個推理，你就會意識到，我們所看到的東西存在系統性偏誤，而透過某種動態，這種偏誤被放大了。

多數人都比自己想的還要好

在現實生活中，我們大多數人都比自己想像的還要好。臉書、Instagram 和推特，讓這個問題變得更加嚴重。以前，你必須前往南灘或附近的健身房，才會體驗到這種動態。現在，你光是坐在臥室或書房裡，就可以在社群媒體上看到別人的樣子，或是說他們想要展現出來的樣子，你可以看到別人在做什麼，或者更準確地說，是別人想要展示出來的他們在做的事。如今，你已經無法透過不去南灘來逃避比較。因此，現在我們更需要運用理性去看待他人的生活。

這也是快速複習賽局理論的好時機。不難看出，所有第八類人都來到南灘，其餘人都遠離，這是上述「賽局」唯一的納許均衡。請注意，這場賽局有八千名玩家。想像每個玩家可以在 B 和 H 之間做出選擇，其中 B 表示去海灘，而 H 表示留在家裡。鑑於上面描述的偏好，沒有人能夠通過單方面改變自己的選擇，而過得更好的唯一結果，就是所有第八類人都選擇 B，而其他人卻都選擇 H。

我把這個問題留給讀者去驗證：除了由第八類人組成的群體之外，任何其他群體出現在海灘上都不是納許均衡。也就是說，如果有這樣的群體碰巧出現在海灘上，有些人會單方面改變他們的行為，要麼是不在海灘上的人去海灘，要麼是在海灘上的人選擇遠離海灘。

為什麼我的朋友比我受歡迎？

人類感到悲慘和低自尊還有另一個「主要」原因，在社群媒體時代情況愈發惡化。大多數人發現，朋友比自己更受歡迎。乍看之下，這可能會讓人感到不安，為什麼我的朋友比我更受歡迎？

使丹佛大學管理與工程研究團隊成員——烏甘德（Johan Ugander）、卡雷爾（Brian Karrer）、巴克史特羅姆（Lars Backstrom）和馬洛（Cameron Marlow）在二〇一一年發表一篇相關論文，他們利用臉書的大量資料集進行研究，結果發現，多數人都曾因「自己的朋友比朋友們的朋友來得少」而感到低落或自卑。他們研究 7.21 億個臉書的活躍用戶，發現每位臉書用戶平均有 190 位好友。另一方面，這些臉書用戶的朋友，平均則擁有 635 個朋友。最後團隊統計出，有 93% 的臉書用戶，擁有的朋友比自己的好友們來得少。

以上研究證實，從某種意義上來說，我們的朋友中，有幾個比我們更受歡迎的朋友其實很正常。事實上，社會學家菲德（Scott Feld）一九九一年在《美國社會學期刊》（*American Journal of Sociology*）上發表的一篇論文指出，平均而言，你的朋友比你擁有更多的朋友。先別急著辯證，事實上這是數學上的真理，被稱為「朋友悖論」（friendship paradox）。如果你因此感到低落，你需要的可能不是心理諮商，而是一堂數學課。

覺得不受歡迎可能是數學問題？

基本概念如下。在任何社會中，如果所有個體擁有的朋友數完全相同，那麼每個人擁有的朋友數就會與其朋友相同。在所有其他情況下，一般人擁有的朋友數，都會比自己的朋友少。

為了說明這一點，讓我們想像一個有三個人的社會，他們是艾利亞、布萊恩和楚華。艾利亞和布萊恩是朋友，楚華雖然知道兩個名字，但他沒有朋友。

在這個社會中，顯然每個人平均擁有三分之二個朋友，幸好這只是統計上的事實。這是因為兩個人各有一個朋友，而一個人沒有朋友。現在讓我們來算一算，人們的朋友有多少個朋友。請注意，艾利亞的朋友只有布萊恩，所以平均下來她有一個朋友，而布萊恩的朋友平均也有一個朋友。楚華沒有朋友，因此不被計算在內。在這個社會裡，每個人平均有三分之二個朋友，但人們的朋友平均擁有一個朋友。

接下來假設在這個社會中布萊恩有兩個朋友，艾利亞和楚華。艾利亞和楚華各有一位朋友布萊恩，但他們不是彼此的朋友。平均而言，這個社會的人們擁有一個以上的朋友，平均下來每人擁有三分之四個朋友。

艾利亞的朋友有兩個朋友。同樣地，楚華的朋友有兩個朋友，而布萊恩的朋友平均有一個朋友。因此，平均而言，人們的朋友有三分之五個朋友。再次驗證，平均而言，每個人的朋友就是會比自己擁有更多朋友。

只要有耐心，你就能檢視更大的社會以及其他友誼組合和網路是否永遠如此。至少有一些看似複雜的社會心理問題，根本不是社會或心理問題，而是簡單的數學問題。

從約翰．納許到奧格登．納許

上述分析中提到的邁阿密南灘的例子並不是憑空而來，而是基於個人經驗。很多年前，我和妻子及兩個孩子一起去南灘，我記得當時我非常驚訝，我都不知道人類的平均顏值竟然這麼高，身材這麼棒。這讓我大受刺激，所以從佛州回家後我立刻開始健身。

一週後，我決定放棄，因為對我來說，良好的體格一點也不值得用每天舉重的痛苦來換，我直到現在還是很感謝我當時所做的決定。在那之後，我陸陸續續開始又中斷了幾次。這不是我給他人的忠告，單純是我個人的行為。

上面的例子是基於這樣的假設：如果我們處於某些排名的底層，例如南灘的外在美榜單或我們有多少朋友，我們往往會產生自卑情結。我們的分析又進一步證明，按照這個標準，更多的人會產生不應該有的自卑情結。

我現在想說服你們，這個標準本身就是錯的。我們必須學會不抱持情結，無論我們認為自己處於社會排名的哪個位置。

找到你的頂標領域

人類的天賦和特質有很多面向。即使在單一類別中，例如智力，也存在許多變化。一個對數學一竅不通的人也許是個文學天才。一個數學或文學不好的人也許是商業奇才。一個數學或文學不好，又沒有商業頭腦的人，也許擁有深藏不露的藝術天賦。自卑感源自執意於將某項技能視為特殊或必要。幸運的是，這個社會沒有統一的方式，來對這許多面向進行排序和總結。

因此，人類的整體排名注定不完整。你可能在某一方面很低，而另一方面很高，由於我們不知道這些不同的技能之間該如何比較，所以我們不可能把所有人都排出一個高低上下。

我們還應該考慮一個更深層的哲學問題。排名不只是社會結構，追根究柢，也是我們自己思想的結構。我如何看待自己在社會排名中的位置，是我對社會結構的建構。就最終分析而言，我周圍的世界，就是我思想的結構。因此，很多時候我認為的客觀事實，可能並非如此。當我走在邁阿密的南灘，或想到我在網路上有多少朋友時，這些事情的重要性是由我創造的。

多數人不思考，但他們依舊在

事實上，要證明其他人確實存在這件事相當困難。有些哲學家對其他人存在的確定性表示懷疑，因為追根究柢，我們所感知到的一切，都是透過我們的思想來感知。我不能排除（而且我也不排除），其他人可能只是我的思想建構出來的。我在加爾各答讀高中時，透過省思得出了這個結論，那時我既感到困擾又感到寬慰。後來讀到羅素也不得不面對這個問題，著實令我感到欣慰。羅素後來主張，總的來說，很有可能其他人確實存在我們的思想之外。我認為，除了他自己的思想之外，世界空無一人，這個想法是如此令人不安，以至於他說服了自己，他可能是錯的。

我的觀點是，既然我的思想能夠如此充分地感知到他人，並且我有能力看到他們、愛他們、恨他們、與他們交談，那就有足夠的理由不感到孤獨。關於他們是否真的存在，我的直覺是他們確實存在，而我也當做他們存在一樣生活著，但我知道這種直覺沒有什麼依據。此外，雖然我們的直覺和常識通常是可靠的，但有時也會失效。

數千年來，人們認為地球是平的，並不是透過嚴謹的邏輯，而是憑藉直覺和常識。畢竟，我們站立的地方通常都挺平坦的。因此，雖然我們假設其他人在我們的思想之外，宛若獨立存在一樣地生活著，但在潛意識中，意識到我所感知的世界是我思想的創造物，這可以成為一種安慰和力量源泉。

推廣這種想法的哲學家是笛卡爾（René Descartes），他有一句名言：「我思，故我在。」（*Cogito, ergo sum*）這是一種哲學上強有力的論證，但同時它也具有潛在的危險性，可能會導致一些人走向「唯我論」（solipsism）。因此，讓我以我所讀過對笛卡爾的最佳反駁做結，儘管它有點輕浮。這章的開頭是納許，結尾也是納許，不過這次是奧格登・納許（Ogden Nash），而不是約翰・納許。對於笛卡爾的「我思故我在」，這位詩人的回應是——請容我換句話說：大多數的人不思考，但他們依舊在。納許的原文如下：

> 笛卡爾是少數會思考的那種人，因此
> 他們在，
> 因為那些不思考的人，總而言之，
> 人數遠勝。[4]

最後，奧格登・納許的生平也提醒我們，人類的天賦是多麼的多元。奧格登・納許於一九二〇年進入哈佛大學，但一年後退學，此路不通。此後，他和家人希望他成為一名債券交易員。對於後代讀者來說幸運的是，奧格登・納許在這方面也表現出了零天賦。他自己是這麼說的：「我來到紐約，想靠當債券銷售員賺錢，兩年內共賣出了一張債券——賣給了我的教母。」

第2部

懷疑、悖論與道德難題

道德我都懂，為什麼遵循卻很難？

第四章

懷疑論與悖論

生活充滿了未知。意識到這一點不僅事關謙卑，也事關智慧。過度自信的愚蠢行為，已成為個人、團體甚至國家遭遇某些重大災難的根源。在有神論者和無神論者、相信科學或迷信的人身上都能看到這種錯誤。

神、懷疑論與生活方式

請容身為無神論者，我的信仰相當貧乏。我唯一可以確定的是，我們知道的事少得可憐。而這種無知必定延伸到我們用感官，如眼睛、嘴巴、鼻子、皮膚和耳朵所感知的範圍之外。

我解釋一下。我在加爾各答的一個傳統孟加拉家庭長大。我小時候花了大量時間祈禱和冥想，這毫無疑問是受到了母親的鼓勵，我的母親對此感到非常自豪。像所有傳統的人一樣，我們固定會去禮拜場所。我喜歡造訪位於加爾各答市邊緣、恆河岸邊的達克希什瓦寺（Dakshineswar）和貝魯爾馬特寺（Belur Math）。這些地方是宇宙奧祕的美麗紀念碑，也是維韋卡南達[二二]（Swami Vivekananda）這類發心者的美麗紀念碑，他做出了巨大的個人犧牲，周遊世界，傳播普世友愛的理念。

後來我在德里經濟學院任教時，認識了加爾各答的德蕾莎修女，因為我姊姊和她一起同工。我從姊姊那裡聽說了修女無限的慈愛，她會毫不猶豫地擁抱垂死的乞丐，或是幫助患有痲瘋病的街頭流浪者找到一個家。在對上帝、宗教以及現代醫學運作方式的看法上，我很可能與德蕾莎修女存在分歧，但當我在她那不起眼的家裡見到她，伴著鄰居家晚上亮起的低壓燈，我不可能不被感動，並驚嘆於人類善良的力量。

失去信仰

禮拜場所的氣氛確實令人著迷。我過去和現在都喜歡與宗教相關的儀式，吸引我的是儀式的那種氣氛韻律。許多進步思想家表示，他們相信宗教，但拒絕儀式。我自己的立場幾乎正好相反：我不相信宗教，但我喜歡儀式。

我在高中的某個時候，大概十三、四歲吧，失去了對神的信仰。有幾個因素。在我童年的記憶中，父親每週二晚上都會去迦梨女神廟（Goddess Kali）。我好幾次在他上車要去寺廟時，聽到他嘟囔著說他不相信神，但又不想冒險。很久以後我才知道，這與十七世紀法國哲學家帕斯卡（Blaise

二二　亦譯做辨喜，印度教僧侶、精神領袖、傳教士和改革家，印度和英國傳播吠檀多哲學的推動力量。

Pascal）的觀點很相似，即所謂的「帕斯卡賭注」[二三]（Pascal's wager）。回想起來，我不認為我的父親是個信徒。聽著他的話，再加上我自己的思考，我的信仰開始動搖了。

後來我在高中發現了羅素的著作。起因是一位比我大一、兩歲的朋友，他博覽群書，每每在我們交談時，他都堅持我應該讀一讀羅素。

我不是一個熱衷閱讀的人，但我想可以試著讀一讀羅素的作品。結果那成了我一生中最重要的智性體驗之一。我從羅素那裡學到的，不是他說的是正確的，而是他的名言：「永遠不要因為某人或某本書這麼說，就接受任何事。」我很喜歡他的書，並且如飢似渴地讀他的《西方哲學史》。

羅素幫助我意識到，我腦海中尚且稚嫩但已然成形的思想。我認定我不相信神。在博學的印度教徒中，長期以來一直存在著，關於一神論和多神論的爭論。只有一個神，還是有許多神？信仰多神的傳統印度教，甚至對許多傳統印度教徒來說，也無法接受多神論。有些人認為，多位神只是一位神聖之神的顯現。

這些關於是否存在 n 個神，以及 n 應該是一（一神論）還是大於一（多神論）的爭論，我都不覺得有趣。只要 n 非零，它似乎就是錯的。幾乎所有宗教都相信存在一位全能且仁慈的神，但這種信念與我們周圍的世界現狀，以及其中的巨大悲劇和悲傷並不一致。我偶爾會感到悲傷，這一事實讓神的這個定義變得不合邏輯，因為上帝的全能和仁慈，與我的悲傷不可能同時存在。

神的仁慈與人的悲傷

那麼對神的其他看法又如何？例如，還算有能力也還算仁慈？這樣的生物不存在嗎？答案是：有

二三　一項哲學論證，即理性的個人應該相信上帝存在，並依此生活。因為若相信上帝，而上帝事實上不存在，人蒙受的損失不大；而若不相信上帝，但上帝存在，人就要遭受無限大的痛苦（永遠下地獄）。

可能，但我不會稱這種生物為神。

那麼，神作為宇宙的創造者、精心創造了一切，這種觀點又如何？這是合乎邏輯的可能性。我們不能堅決排除這樣的神。在這一點上，我承認，我是依靠直覺的。我不認為宇宙是由任何人刻意創造的。此外，即使是這樣，為什麼要崇拜那位？不過，我對自己可能犯錯保持開放。這就是「懷疑論」（skepticism）的本質，而懷疑論也許是最契合我心的哲學流派。

杜林之行

我想講述一下，與我的義大利杜林之行有關的非凡事件。[1] 二〇一七年，我去那裡發表第十五屆路克阿利亞諾講座（Luca d'Agliano Lecture）。這是一次難忘的訪問。杜林是馬克思主義哲學家兼政治家葛蘭西（Antonio Gramsci）學習和創辦《新秩序》（*L'Ordine Nuovo*）週報的地方，他在這裡從事政治活動，直到被墨索里尼的警察逮捕入獄。這裡也是尼采曾經生活過並熱愛的城市，他在這裡精神崩潰，最終失去了理智。

那不僅是一次神奇的訪問，甚至稱得上是奇蹟。在我旅行前一週，我的美國綠卡不見了。我把在伊薩卡的家翻了個底朝天，結果一無所獲。如果再找不到，我就只能取消行程了。而我實在不知道該如何向主辦單位開口。後來我跟妻子開玩笑說，是時候試試祈禱了，於是我局促地坐下來，像僧侶一樣盤著腿，祈禱道：

神啊，您很清楚，我不是每天都會呼喚您。事實上，我大概是隔個幾年才會在絕望之下祈禱一次；今天就是這樣的一天，因為如果取消這場計畫已久的演講，我會感到非常尷尬。我懷疑您是否存在，但如果您確實存在，請欣賞我的誠實並給我我的綠卡。但在此同時，我並不是說如果您允許了，我就會變成信徒。環顧世界，少有證據證明你的存在，一個奇蹟不太可能讓我改變想法。

然後我起身，像往常一樣進行深夜閱讀和寫作，然後去睡覺。第二天早上，我漫不經心地打開床邊那個我常用，而且我和妻子曾反覆翻找過的抽屜。它就在那裡，找都不用找——我的綠卡。

我感到一陣激動，一種混合了狂喜和困惑的情緒。我試圖重建前幾天發生的所有事情，但還是無法用傳統上所謂的「科學」方法，來解釋所發生的事情。

那我該怎麼想？我仍然傾向於相信綠卡一直都在那裡，只是我們都沒有看到。另一方面，由於我天生的懷疑論，違反歸納定律並不會困擾我。我相信，任何邏輯上並非不可能的事情都是可能的。然而，我的經歷是如此令人困惑，以至於我發現唯一的總結是：無論神是否存在，祂都愛我。

隔年我回加爾各答時，把這件事告訴了我的大姊。她抖了一下，說：「不會吧，難怪神不聽我的祈禱。我每天都禱告打擾到祂了。」

所謂奇蹟

這件事教給我們一個道理。奇蹟不是指邏輯上不可能發生的事，而是足以動搖我們對世界認知的事件。正如同護照通常不會憑空消失，又在主人祈禱後再次出現。儘管如此，我們必須對此類事件持開放態度。之前引述過羅素所說的那一句話，關於一隻天真的雞，某天早上被每天細心照顧牠的人扭斷脖子時，牠必然大為吃驚，這時有了切身意義。

科學無法拯救我們脫離這種困境。這就是為什麼儘管我贊同道金斯[二四]（Richard Dawkins）的「無神論」，但我覺得他太過篤定，他將科學力量奉為圭臬，這和迷信並無太大區別。

我所訴諸的哲學有著悠久的歷史。可以追溯到皮浪（Pyrrhon），包含他的哲學和他的生活方式。皮浪於公元前三六〇年出生於伊利斯，他很長

二四　科學傳播者、作家，於一九七六年出版名著《自私的基因》，引起廣泛關注。

壽，尤其是考慮到當時的人普遍壽命較短，他活到了九十歲，這無疑得益於他透過哲學，獲得心靈的平靜。

皮浪沒有寫下任何著作。我們對他的了解全來自傳聞，但他對追隨者的影響十分巨大，所以他的生平和言論被相當詳盡地記錄下來。他是懷疑論的終極實踐者，這一學派認為懷疑是生命的本質。有關皮浪的故事很多。

據說有一次，另一位懷疑論的信徒、比他大二十歲的阿那克薩哥拉（Anaxagoras），在外出散步時掉進了一條溝裡。路過的皮浪看見了他，但沒有試圖把他從溝裡救出來。他後來解釋說，他不能確定阿那克薩哥拉被救出來，會比繼續待在溝裡過得更好。

他們仍然是朋友。他們倆都跟隨亞歷山大（Alexander）的軍隊前往印度，據說皮浪在印度遇見一些穆尼苦行僧（mouni sadhus），而且印象深刻。穆尼苦行僧不只像皮浪一樣什麼都不寫，他們還什麼都不說。他們只是靜默地站著（這就是「mouni」的意思），而皮浪承認那樣更優越。

另一次的落敗是在一次海上航行，船隻遇上一場大風暴。船上的人在驚濤駭浪之中驚恐不已。船上只有兩個生物能鎮靜自如，那就是皮浪和一頭豬。然而，皮浪卻無法讓自己像豬一樣，在暴風雨中繼續吃東西。

要從懷疑論中學習時必須謹慎為之。但可以想見，這樣的人很少。事實上，儘管懷疑論導致皮浪不下筆寫作，但自稱懷疑論者的羅素卻寫了大量作品。皮浪主義幾乎沒有什麼處方，只有鼓勵我們質疑所學，和我們認為我們知道的萬物，並讓我們的思想對不同的解釋和觀點保持開放。希望這種態度，能幫助我們平靜地應對生活中的挑戰。

樑柱內的假設

懷疑主義的一個寶貴副產品是，透過提倡質疑，它成為科學的主要推動力，並導致了思想界的一些重大突破。在科學實踐中，就像在日常生活中一樣，我們會做出假設。確實，我們在前進的過程中必須做出假設。問題在於，有些假設已經如此根深蒂固地存在我們心中，讓我們甚至沒有意識到。於是它們就成為該學科樑柱的一部分。[2]

一八三八年，奧古斯丁（Augustin Cournot）創建了一個很美的市場模型，其中競爭生產者數量有限。這讓我們得以理解真實市場的運作方式。

問題在於，在慣常使用該模型，來分析市場和起草法律規章時，我們往往會忘記奧古斯丁在建立該模型時，所做的許多假設。然後，當現實與模型不符時，就像我們在新冠疫情期間看到疫苗市場失靈一樣，經濟學家會感到驚訝。

科學、魔術和奇蹟之間存在著有趣的關連。魔術或奇蹟之所以讓我們感到驚訝，是因為我們在觀看魔術表演時，在頭腦中做出了隱含的假設。當我們看到兔子，從剛才看似空空如也的帽子被抓出來時，我們會感到很驚訝，因為我們對兔子進入帽子的方式，做出錯誤的假設。等有人向我們解釋魔術原理後，我們的感覺會是：當然了，我早該知道。這太明顯了。

懷疑精神

就像在其他科學中一樣，在經濟學中，我們經常試圖透過明確地寫下來，以使我們的假設變得透明，這些通常稱之為公理（axiom）。在正常的科學實踐中，我們質疑這些明確陳述的假設，並嘗試收集經驗證據來檢查它們是否有效。如果它們看似無效，我們就會改變這些假設並嘗試重建部分模型。這些作法可以帶來修補和改進。

但是，最大的突破通常發生在一些罕見的情況下，即有人意識到缺陷，在於我們甚至沒有意識到的假設，因為它是該學科樑柱的一部分。持懷疑態度的人最有可能碰上這類發現，因為他們傾向於質疑。基於同樣的原因，懷疑精神也能幫助我們，避免日常生活中的錯誤，讓我們過上更好的生活。

關於樑柱內的假設，最著名的發現之一是在幾何學中。歐幾里得寫下了一個幾何模型，其優雅和優美無可比擬。整個學科都是從零開始建立起來的，從公理出發，像魔術般推導出一個又一個定理。然而，至少有一個假設，是歐幾里得無意中做出的，因為它太自然而然了，所以他從來沒有把它寫成公理。他的假設是，整個運作都是在二維平面上進行的，就像在桌面上一樣。直到很久以後才有人意識到這一點。

發現這一點並不需要數學家，只需要一個有能力質疑顯而易見事物的人。最早意識到幾何學中存在這個假設的人之一，是開儼（Omar Khayyam），他是十一世紀內沙布爾（Nishapur）的波斯詩人、哲學家、歷史學家兼數學家。繼開儼之後是德國法學家施韋卡特（Ferdinand Karl Schweikart），施韋卡特將數學視為一種愛好，並在十九世紀初偶然發現了歐幾里得的隱藏假設。

當然，如果沒有數學家，重建新的「非歐幾里德」幾何是不可能的，為此我們要感謝羅巴切夫斯基（Nikolai Lobachevsky）、高斯（Friedrich Gauss）、黎曼（Bernhard Riemann）和其他人。

這項發現對現實世界有重大影響。最重要的是，歐幾里得幾何的一些結果並不適用於地球表面，因為地球表面不是平面，而是近似於球體的片段。如果在進入全球快速旅行的時代，我們仍沿用歐幾里得幾何，來計算飛機的飛行方式，很可能會犯下災難性的錯誤，造成致命的後果。

遞移性

公理方法的使用如今在經濟學中也很常見，並在德布魯（Gerrard Debreu）那本薄薄的《價值理論》（*The Theory of Value*）中達到了頂峰。這本書試圖以數學的精確性，傳達亞當・斯密以及後來的瓦爾拉斯，對整個經濟學的構想更加廣闊與雄偉。他的書完全是用公理和定理所完成。他為經濟學做的貢獻，相當於歐幾里得為幾何學所做的貢獻。這是一本極其優雅的書，猶如詩歌。這本書以及美國經濟學家阿羅的研究，對經濟學產生了巨大的影響，因為它們將亞當・斯密關於市場「無形之手」的定理形式化，而該定理有助於協調自私個體的行為，使他們在不知不覺中實現集體利益。

這種數學形式化非常重要，因為透過明確地寫下幾個假設，它可以使敏銳的觀察者注意到，使無形之手發揮作用所需的假設並沒有明確地寫下來。阿羅非常謹慎，曾多次提醒我們這一點（參見 Arrow）。[3] 有些假設根深蒂固地植根於經濟結構中，以致我們忘記，它們是「無形之手」發揮作用所必需的。例如，由於這些都是明確寫下來的，所以經濟學家很清楚，人們的偏好需要滿足一些技術特性，例如遞移性（transitivity）。遞移性是這樣一種假設：如果一個人喜歡蘋果勝過香蕉，喜歡香蕉勝過橘子，那麼這個人也一定喜歡蘋果勝過橘子。[4] 在生活中通常確實如此，但並非絕對如此。同樣地，我們往往假設人類的偏好滿足邊際效用遞減法則（marginal utility）；也就是說，隨著我們消費更多同一種商品，我們從每增加一個單位的商品中，獲得的效用就會下降。

貿易與交換

經濟學教科書認為，如果這些假設成立，那麼人們之間就會有貿易和交換。因此，大多數經濟學學生也相信這一點。讓這個理論陷入困境的是，這些假設也適用於老鼠。但是（我希望這不會讓任何人感到驚訝），老鼠之間並不進行貿易和交換。這提醒我們，上述假設（對貿易和交易來說）是必要的，但它們不足以使貿易和交換發生。[5]

貿易和交換要能發生，以及我們要能實現集體利益，所需要的許多隱藏假設，都與經濟植根於社會、政治、文化和制度這件事有關。例如，貿易要能實現，我們必須克制自己，不要在市場上衝過去搶走商人的所有食物，而這是老鼠不具備的能力。這種約束與文化和規範有關。同樣地，為了開展貿易，我們顯然需要對話和溝通。然而，在我們仔細記錄在教科書中的各種公理中，我們並沒有寫下這一條：「公理，會說話。」

克里斯蒂安森（Morten Christiansen）與查特（Nick Chater）在他們合著的《語言賽局》（*The Language Game*, 2022）一書的開頭就提醒我們，生活中的確如此：「語言對於人類的意義至關重要，但我們極少想到這一點。只有在失去語言能力時，我們才會發現，它對我們生活的各個方面有多麼重要——無論是身在外國城市，或是中風之後。」經濟學也不例外。我們總把「人會說話」視為理所當然。大多數時候這不會造成困擾，因為這項能力，以及支撐經濟運作所需的其他文化規範，通常相當穩定。然而，有些規範會隨時間變遷。舉例來說，數位時代可能正在改變我們彼此溝通與表達的方式。甚至連「人會說話」這項基本假設也可能被打破，因為在社群媒體上，即使是相同的詞語，其意涵也可能產生變化，從而動搖現代經濟的語義基礎。

換言之，當我們試圖理解世界、思考全球問題的嶄新解法，甚至只是想在日常生活中做出更好的選擇時，答案有時就在於，想辦法讓理論框架下，被忽略的隱藏假設浮出檯面。

視覺、聽覺和密爾力

大多數人都能意識到（至少在潛意識中），有許多現實隱藏在我們的視線和意識之外。這種意識不僅是科幻小說背後的動機，也是科學、哲學和對外星生命存在猜測背後的動機。

只要想到在其他行星系統中，有一顆行星上可能存在著智慧生命，就讓人不禁想像力飛馳。就像十五世紀歐洲的航海家，想像著遙遠的土地、人民和風俗，最終在美洲、印度、東亞和其他地方發現這些奇奇怪怪的人；我們也喜歡想像遙遠星球上的人，以及他們的生活、風俗和文化。當我們相遇時他們會對我們有什麼反應？他們會是友善且善於溝通的嗎？還是好戰且覺得受到威脅並發動戰爭？當然，這得看我們之間的智力差距。如果我們發現的「新人類」智力比我們高出一大截，那我們就會成為待宰的羔羊，命運完全取決於他們是否具同情心或者是冷酷無情。如果我們具有相對優勢，情況就會反過來。

然而，我們發現還有其他生命的形式，可能更難以理解，他們的尺寸可以是無限大，以及無限小。我的科學家朋友告訴我，小是有極限的，如分子、原子、質子、光子，不會再小多少了，而且其中一些微小粒子是基本粒子；也就是說，它們不是由任何其他子粒子組成。

迷你太陽系

我很難相信有人能證明，有任何事物不是由其他事物組成的。因為小是無止盡的。你不需要是科學家也能看出這一點。事實上，身為科學家可能還會是一個障礙，因為你的思維中存在著根深蒂固的假設。這裡需要的不是常規科學，而是想像力。

讓我用幾何類比來解釋。想像一下一個僅由一組同心圓組成的宇宙。每個圓都有兩個相鄰的圓，一個圓的半徑是這個圓半徑的兩倍，另一個圓的半徑是這個圓半徑的一半。根據這個定義，我們可以有無數個圓。思考這個宇宙的另一種方式是將一個點視為中心。它的周圍有無數個圓，事實上也沒有別的東西。因此，可能有一個半徑為一公里的圓，還有半徑為二分之一公里和二公里的圓，以及另外兩個半徑四分之一公里和四公里的圓，還有另外兩個半徑為八分之一公里和八公里的圓。如此反復，永無止境。

這個宇宙最有趣的地方在於，這一點很重要，任何一對，也就是一個圓、x 和宇宙，都與任何其他一對相同，也就是一個圓、y 和宇宙。對於我們這些停留在某一尺度上的宇宙觀察者來說，有些圓圈很小，有些圓圈則很巨大。但由於這個宇宙除了這些圓圈之外什麼都沒有，所以我們這些觀察者並不存在。因此，宇宙中任何圓的位置，都與宇宙中任何其他圓的位置一樣。這裡存在無數個圓圈，每一個都比前一個大，又比後一個小。

這個類比提醒我們，我們世界上的分子、原子或其他類似的微小粒子，可能就像迷你太陽系一樣，居住著像我們一樣的人類，有著同樣的智慧、家庭、朋友、汽車、飛機、戰爭、愛和友誼。反過來，我們和我們的太陽系，也可能就像原子和分子一樣，附在一個像我們一樣的人的腳趾上，存在於一個像我們一樣的宇宙中。這些都是外星生命的例子，當然他們的大小可能與我們不同，而這一切也都與我們想像或尋找的截然不同。

幸即不幸，反之亦然

在我們對世界的認知中還隱藏著另一個假設：想一想，我們如何在頭腦中感知和創造宇宙。我們用眼睛去看這世界，蔚藍的天空、高樓大廈直指天際、一望無際的大海、盛開的花朵；我們用耳朵去聽朋友和敵人愛與恨的話語，聽政治領袖在講台上發表談話，聽一天結束時，孤船返回碼頭的號角聲；我們用手去觸摸並感受形狀和質地；我們用鼻子去聞氣味；我們用舌頭去品嚐。

對於世界的這些向度（dimension）：視覺、旋律或氣味，我們都有一個器官：眼睛、耳朵或鼻子負責接收訊息。然而，沒有理由假設世界的向度數，與我們感知這些向度的器官數量相同。有可能，就像視覺、聽覺和嗅覺一樣，我們的周圍還存在著另一個向度，但我們卻沒有器官去感知和意識到它。我們能夠看到和聽到，但我們無法「密爾」[二五]，因為雖然我們有眼睛和耳朵，但我們沒有密爾器官。

我必須離題指出，認為不具備某種感官，比如視覺，一定是一種損失，這種想法是錯誤的。我在

二五　作者用來描述「對未知向度的潛在感知能力」的虛構動詞。

加爾各答市一個過分擁擠、吵吵鬧鬧的大家庭中長大，家裡有一位叔叔看不見也聽不見。當許多親戚都在為這位叔叔感到不幸時，我記得一位以睿智著稱的老姑姑輕聲說著：「幸運，幸運。」

然而，無論好壞，感覺器官的缺失都會帶來嚴重的後果。為了掌握這會對我們的感知產生多大的影響，我們必須做一個心理實驗。想像一下有一個天生失明的人，事實上這個人天生就沒有眼睛。他可能會學習聽和說、玩賽局及閱讀點字。也許有一天這個人會開始談起天空、星星和月亮，但顯然這個人對這些事物的認識與他人截然不同。說到天空、星星和月亮，他們想到的東西也很可能和我們想到的不同。

現在更進一步，想像一個沒有人有眼睛的世界。人類身上根本沒有這個器官。除此之外，世界還是跟現在一樣。人們根本不知道他們周圍就是視覺世界，視覺與他們所習慣的世界，如聲音和氣味等向度截然不同。這一大部分的現實在他們的認知和想像之外。而我要說的是，我們所有人可能都在不知不覺中，陷入了類似的困境。

這就是可能存在於我們周圍的世界的一個額外向度。它與聲音、氣味和視覺完全不同，我們之所以知道這些，是因為我們有聽覺、嗅覺和視覺。但是，沒有密爾器官，我們就不知道密爾是什麼，也不知道能夠密爾之後，我們周圍將發生什麼改變。如果一個剛好有密爾器官的人來到地球，就像一個有眼睛的人來到一個天生盲人的世界一樣，並試圖讓我們意識到，周圍世界的這個額外向度，結果我們完全無法理解。我們可能會嘲笑這個人或認為他們瘋了。事實上，歷史上的一些神祕主義者，甚至是聽到空中聲音的當權瘋子，說他們具有這種額外的感官並能夠密爾，這並非不可能。而他們所說的很多話，在我們聽來自然會像胡言亂語。

為了欣賞生命的神祕主義，或至少認識到它的可能性，我們需要承認一項事實，即經驗可能還有其他向度。也許它們實際上無所不在，如同視覺世界或觸覺世界一樣無所不包。只是我們根本不知道有這些向度。

不理性可以是理性的嗎？

悖論是讓我們意識到隱藏假設的好方法。我相信，世界上不存在真正的悖論。悖論源自於我們無法清晰思考和敏銳推理。著名的羅素悖論就是一個例子，它是羅素在一九〇一年撰寫《數學原理》（*Principles of Mathematics*）時偶然發現的。

令 X 為所有事物的集合。因此，湯匙是 X 的元素，所有湯匙的集合也是 X 的元素。現在考慮一個屬於 X 的集合 Y，定義為「由所有不包含自身作為元素的集合所組成的集合」。例如，所有湯匙的集合就屬於 Y，因為它本身不是一把湯匙。接著問題來了：Y 是否包含 Y 自身？

如果它是 Y 的元素，那麼 Y 就不能是 Y 的元素（根據定義）。如果 Y 不是 Y 的元素，那麼 Y 一定是 Y 的元素（同樣根據定義）。因此，Y 既不是其自身的元素，也不是不屬於自己的元素。而這是不可能的。這就是羅素偶然發現的悖論。

羅素悖論

羅素悖論（Russell's paradox）存在了很長一段時間。最後才有人意識到，它源自於我們和羅素在不知不覺中所做的假設。也就是假設存在一個「宇集」（universal set）——即一個包含一切的集合。一旦我們意識到，萬物集根本不存在，這個悖論就解決了，因為集合 Y 依上文參照萬物集所下的定義，可能根本不是一個集合。

稍後我將回到宇集這個主題，但在這裡，請容我向讀者介紹我開發的一個賽局，名為「旅客困境」（Traveller's Dilemma），它說明了賽局理論的一些悖論。

有兩名旅客從一個太平洋島嶼返家，兩人從同一個商販那裡，購買了一件一模一樣的村莊文物。抵達目的地後他們發現文物損壞，因此向航空公司經理要求賠償。航空公司經理同意了，但表示他的問題，是他不知道這個奇怪物體原本的價格是多少。因此他提出如下建議。兩名旅客各自在一張紙上，寫下從 2 到 100 的任一數字。如果兩人都寫下相同數字，那麼兩人都能得到等同該數字的美元。如果他們寫的數字不同，經理會認為較低的數字是正確的價格，而且他會用以下方式，要求旅客付款。寫出較低數字的人，將獲得較低數字的美元加上 2 美元，作為誠實的獎勵。另一位旅客將獲得較低金額，再減去 2 美元，作為試圖欺騙航空公司的罰款。

依照這個支付系統，兩位旅客必須各自選擇一個數字。這就是旅客困境。我們假設每個人都是「理性的」，這意味著他們希望最大化他們的美元收入。此外，就像賽局理論中的假設一樣，所有玩家都知道所有玩家都是理性的，所有人都以此為假設前提，如此反覆。這被稱為常識假設。

比起趨吉，人類更偏好避凶

旅客困境的均衡結果是什麼？讀者可以應用第二章所描述的納許均衡概念來找出答案。但讓我採取更直觀的方式。

假設你是其中一名旅行者，你的第一個想法是寫 100，而且你覺得另一個玩家也會這樣想，這麼一來每人將獲得 100 美元。但隨後你應該會想到，如果你改寫 99，你就能得到 101 美元。然而，如果這對你來說是理性的做法，那麼對其他玩家來說也是理性的。但如果你們兩個都寫 99，那麼你們兩個都會得到 99 美元。那你寫 98 不是更好嗎？但另一個人是理性的，一定會想到這一點，如此反覆。

這種逆向歸納持續不斷，最終停止的地方是 2。因此，兩個理性的玩家最終都會寫 2，每人將獲得 2 美元。這確實就是納許均衡。（2，2）是賽局理論的預測結果。但這肯定有問題。

實驗證實了我們的直覺。玩家極少選擇 2。事實上，最常見的選擇是在 95 以上。實際行為與賽局理論的預測有差異，有很多種解釋，例如不是所有人都極其自私、不是所有人都能很好地推理等。這些都是有趣的發現，但除此之外，還有一個懸而未決的問題，尚未得到充分的研究。

可以說，即使人們極其自私，一心想著最大化自己的收入，並且具有完美的推理能力，他們仍然不會選擇 2。他們大致會進行如下推理：如果理性導致如此糟糕的結果，那麼我拒絕理性，並選擇一個較高的數字也是理性的。當然，對於另一個玩家來說也是如此，而且兩個玩家都知道，這對彼此來說都是如此。

「不理性就是理性」這一論斷本身就是一條悖論。將其形式化非常困難，而且我還沒有看到任何成功的嘗試。試圖「解決」旅客困境的努力，引入了實驗室實驗和心理學的想法，並利用了賽局理論和電腦科學的形式論證。

它指出並分析人類並非完全自私、理性實際上並不是常識、我們的思考能力是有限的、我們可能更熱衷於避免後悔，而不是收益最大化，以及甚至當人工智慧取代我們加入這類賽局時，結果將如何變化。[7] 但推理中的悖論仍未解決。

政治太像踢足球？

將賽局理論的想法運用到生活決策中的一個重大挑戰是，人們必須記住：理論是人為結構。當我們將這些想法付諸實踐時，必須將它們與常識和理性直覺結合。賽局理論中有一個假設，在現實中可能有許多例外，那就是每個玩家都有一套明確定義的可行行動或策略。在西洋棋和六貫棋（Hex）等室內賽局中，情況確實如此。在西洋棋中，每個階段都有一組明確定義的所有可能行動供玩家選擇。但日常生活的絕大部分時候都不是這樣。

當賽局理論者將一九六二年的古巴飛彈危機，描述為俄羅斯和美國之間的一場賽局，或將當前烏克蘭、俄羅斯和美國之間的對峙描述為一場賽局時，他們陳述了各方可以採取的選項。但實際上，我們真的知道這組行動是什麼嗎？如果我們閱讀一九六二年白宮橢圓形辦公室內的祕密錄音稿，也就是美國總統甘迺迪（John F. Kennedy）與顧問，討論如何應對俄羅斯在古巴部署飛彈事宜，我們會發現談話中不時就會出現一個新的行動方案。我們採取X、Y或Z方案如何？最終他們決定封鎖古巴周邊海域，並向俄羅斯發出最後通牒，要求其拆除飛彈，這不一定是最好的行動方案，但可能是當時認為可行方案中最好的行動方案。

可用策略永遠比選擇更多

在生活中的大多數賽局中，可用的策略比玩家選擇的策略多得多。人生賽局指的是終極賽局：所有玩家都是特定的；對於每個玩家來說，所有不違反物理定律的行動都被視為可用的。因此，當我們處於戰爭之中，或公司與其他公司玩某種金融賽局時，我們都是人生賽局的一部分。原則上，我們可以從大量的潛在行動中，選任何我們想做的事情。

但是，人生賽局這個想法本身就充滿爭議，就如同存在一個包含萬物的宇集一樣充滿爭議。在人生賽局中，每個玩家可以採取的行動是「物理定律限制內一切可能的事情」的宇集。我們可以主張，這個未指定的萬物宇集，根本不是一個集，就如同我們現在所知道的，萬物宇集不是一個集。

解決這個問題的方法，是將人生賽局視為賽局理論者之間的協議，即在討論一個問題時，他們會假設這是人生賽局。因此，如果我們想把第二章中討論的囚徒困境看作人生賽局，我們就會假設宇宙中，除了這兩個玩家之外沒有其他人，並且每個玩家除了合作或背叛之外沒有其他選擇。旅客困境也是如此，如果這是人生賽局，那麼這個宇宙中只有這兩個玩家，他們所能做的就是從 2 到 100 中選擇一個數字，人生中別無其他。

人生賽局確實存在，但它純粹是一種慣例，是作者與讀者之間的協議。請注意，這意味著，當看到囚徒困境的災難性結果時，我們不能說我們應該透過對做出錯誤選擇的玩家處以罰款來嘗試解決問題。如果有一個主體可以觀察玩家的行為並對選擇 D 的玩家進行罰款，那麼該主體一開始就應該參與賽局。如果說囚徒困境是一場人生賽局，那麼我們就不能越過賽局的兩個玩家，憑空產生新的玩家來解決囚徒困境的糟糕結果。

創造目標

目前我想請大家先將這一點放在心裡。下一章我們要思考道德以及如何讓世界變得更美好，屆時我們需要對這一點進行更多的思考。在那之前，我想討論賽局理論中，另一個未能通過現實檢驗的假設。

事實上，賽局理論與大部分經濟學理論都是如此，會先將人類偏好視為既定事實。有些人喜歡橘子勝過喜歡蘋果，有些人則喜歡蘋果勝過橘子；有些人從聽音樂中獲得快樂，有些人則從欣賞藝術中獲得快樂。經濟學和賽局理論對此不作評判，這是好事。無論你尋求什麼，它都是你的收益函數的一部分。回想一下，在第二章中，我們把收益函數描述為描述賽局的三個已知條件之一。我們（分析者），將其視為既定事實（「外因」），並逕行分析行為、結果和均衡。

有一個我們在賽局理論中沒有認識到，但在生活中普遍存在的現象，我們可以稱之為「創造目標」。[8] 一些絕佳的例子來自體育運動。想想美式足球。你在球場的兩端各立起兩根長方型桿子，把一個球交給一組人並告訴他們，穿紅色球衣的人，應該將球踢進球場北端的兩根桿子之間，穿藍色球衣的人應該將球踢進南端的兩根桿子之間，你將計算哪一方得分最多，並宣布該方為獲勝者。接下來，你很快就會看到人們撲倒對手，寧願受傷也要將球傳入一端的桿子之間，並阻止球進入另一端的桿子之間。你不需要給玩家金錢、蘋果、橘子或衣服。對玩家來說，把球送進桿子之間，並觀看比分的樂趣就足夠了。一旦賽局開始，獲勝就會成為賽局本身的動力。

隨著時間過去，你還可以讓觀眾認同 A 隊或 B 隊，為看到他們得分而歡呼，讓許多人試圖放下工作和休閒活動，來觀看這場比賽，甚至願意付錢，來增加他們認同的球隊獲勝的機會，更不用說痛揍另一群體的支持者了。

政治就像一場足球賽

這只是一個例子。生活中充滿了這種創造的目標，或在賽局過程中半路變形甚至浮現的收益函數。它並非不可改變的既定事實。這對於社會如何運作有著重大影響。令人擔憂的是，選舉政治往往就是這樣。一旦人們開始支持美國的民主黨或共和黨，或英國的保守黨或工黨，或印度的國民大會黨或印度人民黨，一段時間後，就變得像人們支持曼聯或兵工廠（Arsenal）一樣。它成為一個創造的目標，本身就是目的，獲得支持的不再是政黨的宣言或意識形態。人們支持共和黨，只因為看到共和黨獲勝的喜悅，與看到兵工廠在足球比賽中進球的喜悅是一樣的。

對於大公司、強大的組織，甚至像政治領袖等個人來說，人類傾向於接受新目標並做出選擇，甚至願意付出代價以實現這一目標，這個傾向創造了巨大的機會。這樣的例子在我們周遭比比皆是：政治人物創造新的賽局和目標，不幸的普通人為之奮鬥，而最終的贏家卻是政治人物。這可能是好事也可能是壞事，取決於政治人物自己試圖最大化的收益。如果他們是想最大化人類福祉，那麼這種設定目標的戰術性運用就會很有用。如果他們是為了中飽私囊，那就不盡然了。

目標一旦深入人心，它本身就會成為目的，而目標的變動會導致社會結果的巨大轉變。我在世界銀行工作時所負責的部門，主要工作是製作各國「經商環境便利度」排名。我們很快就發現，對許多國家來說，在此排名中往上爬，本身就是一種目標。這項衡量已經成為目標。有些政府希望提升經商環境排名，並不是為了促進更高的成長、更高的生活水準、減少貧窮或增加就業機會，而就只是為了提高排名。

這就是比賽，就像在足球比賽中進球一樣。這讓我敏銳地意識到這些排名可能會被濫用。如果我們把標準改成，一個國家允許投資銀行有更多空間來剝削客戶，該國的排名就會上升，那麼有些國家就會創造出這種額外的剝削空間。[9]

決定論與選擇

我在德里聖史蒂芬學院讀書時成了決定論者，只不過那時我還不知道有決定論（determinism）一詞，也不知道以其為中心所建立的一整套思想流派。

我在思考關於這世界，並與我的同學尼洛伊杜達（Niloy Dutta）討論時，偶遇了這種思想。尼洛伊非常聰明，是我們班最出色的學生，我們經常爭論不下，或是交相點頭。

尼洛伊的一生十分精彩。他在學期間，逐漸對我們周圍隨處可見的不公不義感到失望，於是加入了共產主義運動，即納薩爾派（Naxalites），後來還從大學輟學加入革命。

共產主義

在我就讀大學期間，這場共產主義運動達到最高峰，十八名聖史蒂芬學院的學生中輟離校，他們在夜色掩護下悄悄離開，以躲避警方的追捕。和其他離校的學生一樣，尼洛伊再也沒有回到聖史蒂芬學院，後來他在監獄裡待了很久。而革命從未發生。再後來他回歸平民生活，進入古瓦哈提法學院學習，最後成為一名成功的律師。

我同意他以及我的一些大學好友，對印度社會普遍存在不公的看法，他們都是共產黨員，儘管如此，我仍拒絕加入共產黨或參與革命。當然，這也可能是出於我的自私。我當然不想危及自己原本舒適的生活，但我不認為這是主要原因。尼洛伊比我聰明得多，但我覺得我的推理能力比他強。

我對共產主義有兩點懷疑。我同意尼洛伊和其他友人，甚至是馬克思（Karl Marx）、恩格斯（Friedrich Engels），和後來的托洛茨基（Leon Trotsky）及羅伊（M. N. Roy）所設想的烏托邦世界，是一個美好的世界。馬克思的理想社會是人人各盡所能，並根據需要獲得報酬，這樣美好的世界引人嚮往。

但我沒有看到實現這一理想的道路藍圖。共產主義未能實現任何形式的烏托邦，而且往往創造出相反的結果，事實證明。我在大學時的擔憂不是毫無根據。

牢獄生活使尼洛伊的健康大不如前。他是自然死亡，但實在去世的太早，在二〇二一年。我不願加入革命運動，讓尼洛伊大失所望。但我很感激他仍願意與我維持友誼，儘管在他因被警方列入監視名單，不得不躲藏並進入地下生活的那些年裡，我們沒有任何聯繫。我也感謝他驚人的才智，以及我們在大學裡的許多辯論和爭論，讓我形成了對我來說很重要的思維方式——「決定論」（determinism）。

決定論的第一步是因果關係。因果關係與大多數公理一樣，無法被證明或反駁。因果關係的基本意義如下。假設宇宙中什麼都沒有，只有一串聲音。假設到目前為止的歷史，只存在著無限的、等間隔的滴、滴、滴聲……那麼因果關係說，下一刻的聲音不可能是答。如果有無限的滴導致滴，那麼無限的滴必然永遠導致滴。總而言之，如果時刻一之前發生的一切，與時刻二之前發生的一切相同，那麼時刻一發生的事情，必定與時刻二發生的事情相同。

因果關係

由於因果關係，無法或至少尚未以演繹方式建立，因此它可能是真的，也可能不是真的。儘管無法證明因果關係，但我們大多數人本能地感覺到，它是正確的。我對因果關係的信念是一種直覺，我依此生活，但我知道這可能不正確。

再說，即使因果關係存在，也沒有萬無一失的方法，能發現因果關係的實際定律。在經濟學以及在歷史更悠久的流行病學中，透過使用隨機對照試驗，我們試圖推斷因果關係。然而，正如一些隨機試驗的實行者所知，想確定因果關係是不可能的。就連我們自己的身體、思想和行為，我們也無法確定因果關係如何運作。關於這一點，我所聽過最精采的表述不是來自哲學家、數學家或經濟學家，而是一位詩人。一九八二年，拉金（Philip Larkin）在接受《巴黎評論》採訪，談到自己因為口吃和害羞，在學校面臨的挑戰時，他說得極好：「我經常想我是因為口吃才害羞，或是正好相反。」

我們有自由意志嗎？

一旦你接受了因果關係，就像大多數理性的人一樣，決定論就會隨之而來。如果兩個人在類似情況下做出不同的選擇。例如，一個人犯下謀殺罪，而另一個人沒有，原因可以追溯到這兩個人的主體性之外。由於人類的生命是有限的，我們可以將他們不同行為的原因，追溯到他們控制之外的因素。要麼是他們各自環境的某些差異，但實際上他們無法控制這一點，要麼是他們基因組成的差異，但他們也無法控制這一點。因此，我們的行為，直至最微末的部分，都是由我們無法控制的力量決定的。

由此產生的一個問題困擾著古代哲學家：如果我們完全是被決定的，我們能有自由意志嗎？正如哲學家卡姆特卡（Rachana Kamtekar）所問：「亞里斯多德『是否』認可康德的觀點，即就算理論推理讓我們得出結論，認為我們完全是被決定的，但從務實角度來看，我們必須認為自己是自由的？」[10]「從務實角度來看」這個限定詞表明，決定論和自由意志之間存在著不一致，而我們如果要務實，就必須忽略這一點。

然而，我們可以說決定論和自由意志之間並沒有真正的衝突。[11] 假設你選擇不為考試而好好讀書，結果成績不理想。決定論會說，而我也同意，你注定成績不理想。錯誤的觀點是，如果你注定會考試不及格，那麼無論你怎麼做，你都會不及格。對於採信這種觀點的人來說，決定論就等於命運。你的命運在出生時就已經決定了，而你無法透過自己的行為改變命運。得出這樣的結論，其實存在邏輯錯誤。事實上，命題（a）和（b）都可能有效，即：

（a）：如果你努力學習你就會通過考試。

（b）：你注定不會通過考試。

換句話說，合理的狀況是，你有努力學習的自由，而且如果你這樣做，你就會通過考試。決定論並不否認這一點。它只是說，你選擇不努力學習是命中注定的。

如果觀察者了解所有的自然法則，他們就會知道你會做什麼選擇。但是那個人能夠預測你的選擇，並不代表你沒有選擇。你有選擇，而這個選擇可能會對結果產生影響。這很重要，因為這意味著你對世界上發生的事，都有道德上的責任。

何時需要負起道德責任？

讓我們回到第二章中對賽局的描述。我們說，在賽局中，每個人都有一套可行的策略或行動，而玩家必須從中選擇。這被稱為個人的可行集或策略集。在上述關於我在德里上大學時期的討論中，除了我對共產主義革命能取得什麼成果的懷疑之外，我看不出在我的可行集合或策略中，存在任何能夠引發革命的行動。

這些純粹的定義引發了重要的道德困境。想像一下，當你正在海灘曬太陽時，有人溺水了。你聽到了求救的聲音，你完全有能力跳入海中拯救那名溺水者。你是游泳好手，可能會受點傷，但你不會被淹死。在這種情況下，如果你選擇不跳入海中，而那人溺水身亡，那麼你就該對她的死亡負道德上的責任。這裡關於「道德」一詞的運用，還有爭論的餘地，因為根據決定論，我們知道這個人之所以選擇不跳入海中，是因為一些超出他自身的原因。

如果某人的可行集合中，有一個行動可以帶來道德上正向的結果，但這人選擇不採取該行動，我們將遵循慣例，認定這人對壞結果該負起道德上的責任。

即使對道德責任有這樣的定義，在生活中仍然可能發生大量涉及群體的邪惡行為，我們卻無法把道德責任歸咎於任何人。正如我們將要探討的，這引發了關於當代政治、衝突以及如何創造更美好世界的難題。大多數人很難不為生活中發生的事情，追究主體和責任。

假設有一個國家處於無政府狀態，導致飢荒、民不聊生、死亡。再假設一下，如果該國政府採取不同的行動，這種情況就不會發生。我們自然會認為，這個政府的領導人要為人民所遭受的苦難，負起道德上的責任。但這樣對嗎？假設沒有一位領導人採取任何行動，是因為除非所有領導者共同行動，否則什麼也做不了。在這種情況下，我們沒有充分的理由能認為，領導人對公民的苦難該負起道德上的責任。

你可能會嘗試反問，為什麼沒有一位領導人呼籲所有領導人共同行動？如果這樣的號召能夠促使他們一致行動，那麼這位領導人當然有道德上的責任，因為她確實可以採取行動，例如在這種情況下、指的是言語行為，也就是以公開發言來阻止國家的苦難。但我提出的是這樣一種情況：「沒有一位領導人採取任何行動，是因為除非所有領導者共同行動，否則什麼也做不了。」如果這個陳述為真，那麼無論人民遭受的苦難有多大，我們都不能判定，這些領導人該負起任何實質的道德責任。

我在這裡要指出的是，這不代表身為觀察者，不應該要求他們對此負起道德責任。如果你的建言能使得所有領導人採取行動，從而停止了苦難，那麼，儘管領導人對苦難沒有道德責任，你也有道德責任，要求領導人負有道德責任。[12]

美好生活與道德責任

決定論對於我們如何生活、如何思考，以及如何為世間之事分配道德責任，具有哲學意義。但在深入討論這個問題之前，我想先提醒大家注意一個事實：用決定論者的眼光觀察世界，帶有一種詩意之美。

想想決定論的一個意義。如果在未來的某個時刻。比如說，百萬億年後，整個宇宙恰好和今天一模一樣，這即意味著每過百萬億年後，宇宙都會和今天一模一樣。

個中邏輯很容易理解：如果從今天開始，世界沿著這樣的軌道發展，以至於百萬億年後它看起來和今天一模一樣，那麼百萬億年後的某一天，它就會和今天之後的某一天一模一樣，因為這兩個時間點的因果先驗，是相同的。這意味著這個過程現在變得不可阻擋，將在同樣的時間長度之後，帶領我們回到同一個宇宙。「這是完全有可能的」是一個美麗的想法。

就像西元前三九九年那個春天的早晨，蘇格拉底走過集市的小巷，停下來與普通的雅典人交談，並不為自己是要去人民法庭而感到不安，而五百名陪審團成員，正聚集在集市的同一個法庭上。百萬億年後，在一個同樣的春天早晨，蘇格拉底會再次走過集市的小巷，停下來與普通的雅典人交談，而五百名陪審團成員會再次走同樣的路徑到法庭，心中懷著同樣的念頭。而每隔百萬億年，他們就會重複做同樣的事情。

還不光是蘇格拉底和陪審團。我也會在百萬億年後再次回來，並聲稱我會每隔百萬億年，就再次回來。

你也一樣，會讀到這本書並懷疑作者是否正確，而百萬億年後你會再次讀到同一本書。

宇宙無窮無盡，也無意義

宇宙完全有可能是無限循環的。宇宙最終可能會塌縮，引發大霹靂，最終讓我們回到這一刻。或許，生命就是這樣。同樣的你、同樣的我、同樣的我們，所有人都會一次又一次地出現，就像詩歌中的疊句一樣——詩行或詞語不斷重現，形成一種催眠般的節奏。如果這種想法帶給你某種詩意的平靜，那麼它每百萬億年都會給你同樣詩意的平靜。生命不再具有意義或重要性。如果這個無限循環是真的，而它也完全有可能是真的，它對我們以及我們的生活方式也沒有任何影響。這只是一個值得深思的問題——宇宙的無情輪轉。

值得注意的是，一些早期的希臘斯多葛學派學者，最著名的是克律西波斯（Chrysippus of Soli），也持類似的觀點：宇宙的時間軌跡可能是無窮無盡，無始無終，也無意義。不論他們是從因果關係和決定論的公理中，推導出這個結論，還是透過其他途徑得出的，我們都無法完全肯定。

古代思想家的膽識真是令人驚嘆。令人欣慰的是，本書後面所持的觀點，即將決定論視為與選擇和道德責任相容，這是早期哲學的一部分。[13]

哲學通常是用分析性的散文寫成的，但不可否認，哲學也可以藏身於呼喚之中，就像泰戈爾的詩歌、鮑勃・迪倫的歌詞，或者民歌手西格（Pete Seeger）那首神奇的《小盒子》（*Little Boxes*）一樣，展現重複和單調的奇異之美：

山坡上的小盒子
粗製濫造的小盒子
小盒子
小盒子
都一樣的小盒子。[14]

遺憾的價值

現在再回到決定論的功能部分，即它對我們生活方式的貢獻。如前所述，決定論幫助我們理解：

其他人的所做所為，是因為超越他們自身的原因。儘管老虎會咬人，但我們從來不會對老虎生氣，因為我們知道老虎就是這樣。這種理智上的理解和由此產生的平靜，反過來又幫助我們更理性、更有效地應對老虎，無論是要逃跑還是反擊。我們在應對人的方面就差多了。我們的憤怒和仇恨，往往會壓垮我們導致判斷失常，致使我們無法理性決策。

決定論告訴我們，我們應該對人類表現出同樣的理解；因為他們的行為舉止，終究是由超越他們自身的因素所造成的。

需要澄清的是，決定論並不意味著你不懲罰，而是意味著你不受憤怒情緒所困。此外，懲罰不應該是為了報復。是為了讓受到懲罰的人和觀看懲罰的人，在未來表現得更好。懲罰絕不能是報復，而是透過改變未來行為，來創造更美好的世界。[15]

決定論也暗示著，只有你才能改變宇宙的路徑。在諾貝爾和平獎得主瑞薩（Maria Ressa）的務實著作中，也呼應了這種哲學，她說：「學會誠實要從你自己的真相開始：自我評估、自我意識、對他人的同理心。世界上你唯一能控制的，只有自己而已。」

悔恨的力量

每個人都必須明白，除了個人所能做的事情，這裡指的是個人可行方案中的可用選擇之外，世界上的其他一切都是既定的。從你的角度來看，要麼你對正在發生的事情負責，要麼就無能為力。沒有第三種選擇。如果某人怎麼做就能讓世界變得更美好的這種想法，只有在當你能做些什麼，促使他人做出那件事時才有價值。

如果你的言論、你的抗議、你的投票、你的職業轉變等，都無法幫助社會變得更好，那麼社會沒有變得更好就是既定事實，就像重力一樣。你可能討厭重力把你往下拉，但你無能為力。既然如此，討厭重力就不是一個好主意。那只會讓你火冒三丈但毫無用處。

關於遺憾和悔恨也是類似的道理。大多數人都多多少少存在這些情緒，有些人甚至會因罪惡感而承受巨大的痛苦。我為什麼要傷害這個人？我為什麼以前會做這樣明顯的錯事？我們內心存在這些情感是有原因的。它們幫助我們隨著時間流逝，變成更好的人。

演化賦予人類這些情感，很可能是因為它使人類更有能力進步。然而，即使遺憾悔恨有其作用，但你其實沒有理由感到悔恨和遺憾。這是因為你自己過去的行為是世界結構的一部分。你不可能改變過去。你過去的行為就像重力一樣。你可能喜歡它或討厭它；但你無法改變它。

由此可以得出一個簡單的教訓，與先前關於憤怒的見解相呼應。我們應該試著放下悔恨、內疚和遺憾的情緒，但是，同時，我們需要保留這些情緒帶來的好處。解決這個問題的方法是，將一個人過去的行為訊息存入大腦的理智部分。你不否認你過去所犯的錯誤是錯的，但你把它儲存在你的理智中，指引自己將來做出更好的行為。

蘇格拉底的生活智慧

這就讓我們回到了開始的地方，也許這是早已注定的。如今，哲學被視為一門學科，是需要學習的東西，需要人們為此留出時間，就像學生學習各種課程一樣。哲學存在於書本之中，但它也是一種生活方式。而後者才是最有價值的。它教導我們在日常生活中思考和推理。

正是這種能力，使我們能夠過著美好的生活。最佳例子來自蘇格拉底的生活。他沒有學院。他每天在雅典市集內外的小巷裡散步，教授、學習和實踐哲學。他最重要的一些討論，是在鞋匠西蒙（Simon the Shoemaker）的家中進行的。正如休斯（Bettany Hughes）所說，「對於不墨守成規的蘇格拉底來說，鞋匠的家中作坊似乎是分析我們日常生活的意義和要點最合適的地方。」

根據上述討論，我認定每個人都有責任從可行的選項集中做出選擇。建立這個認知後，我們現在可以討論哲學中，最具爭議的議題之一：美好生活和集體道德責任的概念，也就是下一章的主題。

第五章

格蕾塔困境

惡意的無形之手

道德意圖在主流經濟學中很少受到關注，但它是人類思維中固有的一部分，並為經濟成長提供了一些關鍵基礎。我所說的道德，是指與生俱來的公平和正義感。如果真有一位神在賞善罰惡，那就不需要道德了，出於自利，人們會自我約束。但在現實生活中，我們需要道德。

幸運的是，我們每個人的頭腦中都有道德準則，其中包括同理心。雖然程度各不相同，而且我們主要關心的通常是自己的福祉，但幾乎所有人也都多少關心他人的福祉，並渴望公平。我們希望別人公平地對待我們，並且希望同等地回報他人。有時，這只是口頭上說說而已。我們並不公平，卻創造出公平的假象。然而，即使是這種掩飾自私的衝動，也顯示我們重視公平。

為什麼主宰世界的不是老鼠？

雖然有某些動物也會表現出這種特性，但這可以說是人類的典型特徵。人類的進步和經濟成長，很大程度上得益於人類擁有道德準則。老鼠與人類一樣會自利，但缺乏足夠的同情心和道德意圖，來形成有意義的老鼠群體。

老鼠世界之所以沒有市場這隻無形之手來進行貿易和交換，經濟成長對老鼠來說之所以毫無意義，原因不在於老鼠不懂自利，而在於牠們缺乏足夠且牢固的公平和正義規範，有了公平和正義規範，無形之手才能發揮作用，進步才成為可能。如同前面所討論的，這些假設不受一些新古典經濟學家承認，但卻存在於經濟學的樑柱之中。[1]

傳統賽局理論學者可能會這樣回應：儘管賽局理論沒有多談人類的道德渴望，但這是賽局理論的標準典範所允許的。這是因為，在賽局理論中，一個人所獲得的收益就是一個「原始」值。也就是說，賽局理論者無權決定個人的收益來源。完全有可能，部分收益來自於我們吃蘋果和擁有黃金，但一部分也來自於看到其他人吃蘋果並擁有一些財富。

這是一個有效的回應，但反駁的觀點是，將收益函數視為既定事實，反而對我們大大不利。透過將我們的偏好分析為自私和非自私的部分，我們可以獲得一些見解。這讓我們看到，我們最終可能會建立一個任何人都不想要的不公平的社會。世界上一個令人悲傷的事實是，許多罪惡無人承擔責任。儘管如果我們願意的話，我們可以共同阻止邪惡，但是沒有一個人能做到。這就是卡夫卡在他的小說中所描述令人不寒而慄的世界，最著名的是《審判》（*The Trial*）和《城堡》（*The Castle*）。

在《審判》中，有一天早上，和其他早晨一

樣，剛過八點，約瑟夫 K 在公寓裡等房東的廚子給他送早餐。但他突然被逮捕了。他不知道罪名是什麼，也不知道這些持逮捕令闖入的執行者是些什麼人。「這些是什麼人？他們在說什麼？他們屬於哪個單位？畢竟，K 生活在一個自由的國家，到處都很和平，法律完善，執行順暢，這些冒然闖進他家的人究竟是誰？」

這些疑問始終沒有答案。每個人都忙於自己的日常工作，共同交織成一個壓迫體系，但永遠不清楚壓迫者究竟是誰，或是否有人在領導這個社會。卡夫卡筆下壓迫體系的自動整體性（auto-totality），才是最令人恐懼的。

同儕壓力與宣示忠誠

後極權獨裁的現實世界也出現了印證，卡夫卡的同胞哈維爾（Václav Havel）在地下出版的小冊子《無權者的力量》（*The Power of the Powerless*）中如此描述。「一家蔬果店的店長在櫥窗上，在洋蔥和胡蘿蔔中間」貼了一張海報，宣誓效忠該國壓迫性的極權主義政權。「他為什麼這麼做？他到底想向世界傳達什麼？」哈維爾問。[2]

他真的忠於該政權嗎？不，哈維爾回答。他貼這張海報是因為這是「企業總部連同洋蔥和胡蘿蔔一起」送給他的，如果不貼，就會被視為「不忠誠」並被騷擾。他張貼海報純粹是出於這個原因，而不是因為他真的忠誠。

我們在很多情況下都看過這樣的同儕壓力，從學校操場、辦公室政治到印度村莊的種姓制度。[3]但哈維爾的分析之所以如此深刻，是因為他並沒有止步於此。他問了下一個顯而易見的問題。為什麼那些因蔬果商不忠誠而騷擾他的人會這樣做？答案是一樣的。如果他們不去騷擾某個表現出不忠誠的人，那就代表他們不忠誠，接下來就會換他們遭到抵制和排斥。最終，整個系統陷入了「盲目自動化」狀態。所有個體，從蔬果商到政黨領袖，都處於一種均衡狀態。每一個人都同時是『後極權制度的受害者和支柱』。

儘管在某些社會中，我們可以指責領導人所犯下的惡行，但在某些制度中，領導人同樣是制度的受害者，這甚至是常態。他們無法做任何事來幫助社會打破這種均衡，除非他們自己遭受不成比例的傷害（即使對於有道德的人來說，保護自己免受一定程度以上的傷害也是可以理解的行為）。哈維爾的小冊子是一份政治宣言，但也是對社會的思考。彷彿為了證實他的想法，在這本小冊子出版後不久，哈維爾就被囚禁在捷克斯洛伐克，而這個國家與他所描述的完全一樣。

顯然，卡夫卡和哈維爾所描述的世界，是一個由無形之手驅動的世界。這種壓迫不能歸咎於任何個體，是集體行為的結果。這是惡意的無形之手。有趣的是，從根本上來說，它與亞當・斯密在一七七六年描述的「無形之手」，在思想上是一樣的，亞當・斯密所說的「市場無形之手」帶來了秩序和效率。亞當・斯密指出，要擁有一個最佳市場，並不需要首相、總統或上帝。這種秩序可能是盲從的結果，與卡夫卡和哈維爾所描述的是同一類型。

亞當・斯密提出「無形之手」，是一個重大突破，但卡夫卡和哈維爾的作品提醒我們，「無形之手」不一定對個人有利。它也可能是一種壓迫和令人痛苦的力量。我們需要保持警惕，了解這些維繫社會團結的無形力量，它們可能從善良的力量轉變為邪惡的力量。尼采在《善惡的彼岸》（*Beyond Good and Evil*）中以他特有的張揚風格寫道：「就個人而言，精神錯亂的情況很少罕見；但在群體、黨派、國家和時代之中，它就是規則。」下一節將展示我們可以為尼采的猜想提供正式內容。

格蕾塔困境與群體道德責任

賽局理論大幅提高了我們對群體行為和動態的理解。如今，我們能夠更好地解決許多集體失敗。當我們看到一群人過度放牧公地或破壞周圍環境時，我們不會說他們應該學會為自己的利益行事，因為他們當前的行為正在損害他們自己的利益。透過「囚徒困境」之類的賽局，我們意識到，事實上，他們的自身利益才是造成問題的原因。我們需要公約和集體協議來約束我們的眼前利益，從而利於我們的集體和長期利益，我們還需要了解如何才能落實公約和集體協議。賽局理論在氣候變遷、貿易政策、勞動法規甚至貨幣政策的公約設計中發揮了重要作用，有助於抑制狹隘的自身利益，以實現更大的集體利益。

然而，對於道德追求，我們的理解還很粗淺。而這種理解對於創造更美好的世界和實現我們的許多道德意圖至關重要。人類具有與生俱來的道德意圖，但我們仍必須了解，這些意圖有可能無法實現，甚至可能適得其反。

人類傾向於把主體性歸因於群體，這常常導致我們費力地尋找他們的「隱藏議程」。然而，通常情況下，群體並沒有什麼隱藏的議程。群體中的個人可能有這樣的議程，但群體中出現的行為，往往未能反映個人的議程。[4]世界上的陰謀比人們想像的還要少。

群體道德

我們幾乎每天都會在報紙雜誌、電視，當然還有推特及臉書上，看到群體道德歸因。因此，在美國，我們會聽到這樣的說法：「無恥的民主黨對我們國家造成的傷害。」[5]同樣地，我們也看到讀到「共和黨高層的無恥行為遠遠超出了川普……當今共和黨高層的厚顏無恥，在他們所推行的政策中顯而易見。」[6]這類言論雖然在某些情況下可能是準確的（我必須承認，我有預感上述兩個陳述中的一個是準確的），但確實值得仔細審視。

群體道德歸因出奇地普遍。我們談論大公司缺乏道德；我們用集體道德稱號來描述葉門叛軍「青年運動」（Houthis）和圖西族（Tutsis）、北韓領導人、哥倫比亞革命軍（FARC）和抗議團體，例如阿拉伯之春或香港的雨傘革命。二〇一九年二月十四日，印度發生普爾瓦馬（Pulwama）襲擊事件，一個來自巴基斯坦的恐怖組織襲擊了一支印度車隊，此後，人們激烈地爭論誰應該為這一舉動負起道德責任——是襲擊者、巴基斯坦領導人還是全體巴基斯坦人。

群體道德責任是一個在哲學上有爭議的議題。[7]在許多情況下，群體道德歸因可能毫無意義，而且就煽動針對群體（國籍、種族和宗教團體）的憤怒而言，它們甚至可能是危險的。無可否認，有時即使一個群體中的個人沒有道德責任，也值得說他們負有道德責任，[8]因為這樣說會使人產生內疚感，並激勵人們表現得更好。簡而言之，即使這樣想並不正確，但從結果主義來看，也許有理由這麼說。

每當我們看到任何事發生時，都有做出主體性歸因的傾向。無論是洪水、乾旱、戰爭或衝突，我們都寧願相信有人要為此負責。正是這種傾向導致許多人相信神。同樣的傾向使我們將世界上發生的事情歸咎於某個群體，而沒有停下來思考這種歸因是否有意義。《經濟學人》雜誌二〇二二年四月十六日的封面故事「中國搞錯了什麼」，正說明了這一點。很難想出有比這更大的群體，能成為主體歸因的對象了。從某種層面上講，這只是一種說話方式，但它影響著我們的思維和行為，引導我們從觀察到的行為，跳到對群體道德責任的歸因。

誰該負責？

正如我們在前面章節中已經看到的，鑑於個人所做的選擇，是由他們自己的基因組成和環境因素預先決定的，因此質疑個人是否要對自己的選擇負責，是合理的。關於一個人在一系列選項中做出選擇時，是否要對自己的選擇負責，存在著許多爭論。[9] 在此我先不談這些爭論，並認定每個人確實要對他們，在可採取的行動中所做的選擇負責。即使不迴避這種責任歸屬，在涉及群體的策略環境中，也會出現新的問題。

就以第二章中，所討論的「獵鹿」賽局的新版本來說。假設玩家數量很多——就說是一百人吧。每個人都必須在策略 A 和 B 之間做出選擇。如果 100 人都選 A，那麼每人將獲得 101 美元。如果一百個人都選 B，那麼每人將獲得 100 美元。

如果不是所有玩家都做出相同的選擇，則支付方式如下。如果其中的 n 個人（n 小於 100）選擇相同的行動，那麼他們每人將獲得 n 美分。因此，如果有 60 位玩家選擇 A，而有 40 位玩家選擇 B，那麼所有選擇 A 的玩家每人將獲得 60 美分，而所有選擇 B 的玩家每人將獲得 40 美分。

顯而易見，這個賽局只有兩個納許均衡：每個玩家都選擇 A 或每個玩家都選擇 B。我們可以合理地假設，如果反覆進行這個賽局，玩家將習慣於全部選 A 或全部選 B。一旦他們落入其中一種結果，就不會有人有動力單方面改變自己的行為。當然，如果你處於選 B 的均衡狀態，可能會後悔自己沒有處於「A 均衡狀態」，那樣就能多得到 1 美元，但你孤掌難鳴。至於任何其他結果——即除了所有人選擇 A 或所有人選擇 B 之外，你都可以透過個人的偏離得到更好的結果，因此這些都不構成均衡。

玩家與旁觀者

現在假設，除了玩家之外，這個社會還有『旁觀者』。這些人會受到玩家行為的影響，但無法影響玩家的收益，甚至無法影響自己的收益，這其中的後者，是為了讓論點簡單而做出的假設。當今世界的典型旁觀者，就是下一世代。我們這些「玩家」今天的選擇會影響未來世代的福祉，但下一世代所做的一切，都不會影響我們。對於當代社會的貧窮和邊緣群體來說，這也相當正確。例如，封建社會中個別地主的行為和選擇對農奴的生活有很大影響，但個別農奴的行為對地主的福祉的影響卻微乎其微。在本節中，當談到賽局時，我會將「社會」視為由兩種不同的主體組成：玩家和旁觀者。

假設除了一百名玩家之外，還有一千名旁觀者。他們比玩家窮多了。而他們的收益或報酬如下。如果所有玩家都選擇 B，每個旁觀者將獲得 5 美元。如果他們都選擇 A，旁觀者將獲得 1 美元。至於所有其他結果，他們都將一無所獲。在這裡我們假設 1 美元的收入只能過著悲慘的生活，而 5 美元的收入雖然仍然很差，但還可以忍受。

假設這個社會處於「A 均衡」，即所有玩家都選 A。對外部觀察者來說，這個社會似乎是一個卑鄙無恥的國家。他們會談論他們所見過的另一個完全相同的社會，其中每個人都選擇 B，相比之下，他們會認為 A 均衡中的玩家在道德上是墮落的。會有專欄作家撰寫文章，談論這個國家不道德的公民行為，對貧窮旁觀者造成的傷害，這些富人僅僅為了多賺 1 美元，就寧願把貧窮的旁觀者推入極端貧困，讓他們靠一美元生活。

然而，我們知道在這些情況下，群體道德歸因是錯誤的。我們可以有兩個相似的社會，實際上是兩個具有完全相同收益的社會，其中每個玩家都試圖最大化自己的福祉。其中一個可能落入 A 均衡，另一個可能落入 B 均衡。這樣的結果與他們的道德意圖無關。[10] 因此，雖然確實存在一個結果好、一個結果壞的情況，但我們不一定能責怪其中一個社會的玩家，或讚揚另一社會的玩家。

問題可能比這更嚴重。[11] 在某些情況下，由於一個甚至所有玩家的道德提升，社會的集體行為可能會變得更糟。這對於政策制定和集體行動來說，是一個巨大的挑戰。個人有道德並不代表結果會更道德。即使人們與格蕾塔·桑伯格有著同樣的道德意圖，採取行動幫助我們的子孫後代過上更好的生活，但我們最終可能會傷害到子孫後代。這也許可以稱之為「格蕾塔困境」。光有意圖是不夠的。

為什麼烏托邦社會主義會失敗？

在正式探討這個問題之前，我想先強調一下，這不僅僅是一個學術問題。歷史上不乏出於善意卻失敗的例子。最好的例子可能是烏托邦社會主義者，如聖西門（Henri de Saint-Simon）、傅立葉

（Charles Fourier）、歐文（Robert Owen）等人，他們試圖在十八和十九世紀的歐洲和美國，建立烏托邦社會。當歐洲社會因工業革命而陷入混亂時，他們對周圍世界的不公平感到不安，這無可厚非。我們也不能忽視他們對更美好社會的渴望。

他們的願景在道德上是極為崇高的。然而，他們失敗了，留下的傷口比開始之前更深。例如，聖西門早在一八一四年就預言性地提出了歐洲國家聯盟的設想，但他的詳細計劃不切實際，最終落空。三年後，他開始寫下他對社會主義烏托邦的願景。然而，他對在烏托邦世界中，建造運河的執著最終分散了注意力，並導致了失敗。他為了建立自己的烏托邦散盡家財，一貧如洗、心灰意懶之下，他在一八二三年三月九日試圖舉槍自殺。但他再度失敗了，只是失去了一隻眼睛。

歷史上還有其他更重大的烏托邦實驗失敗案例。一九五八年，毛澤東在中國推行「大躍進」計劃，剝奪農民的個人財產權，將農民組織成大型公社。他們個人的回報（或收益）不再與他們的努力掛鉤。這種烏托邦式的構想低估了激勵機制的作用，最終適得其反，為中國帶來了人類歷史上最嚴重的飢荒，造成約三千萬人死亡。

僅有道德意圖是不夠的：還需要搭配冷靜的科學，再加上創造性研究的思維方式。我即將描述的「格蕾塔困境」賽局是一個諷喻，旨在說明這一點的重要性。[12]

案例開始

考慮兩個人之間的互動，強尼·伊和賈亞·爾，幸運的是，他們的名字可以按照諧音縮短為玩家一和二。在這個賽局中，玩家一要在行動 A 和 B 之間進行選擇，玩家二在另一組行動 C 和 D 之間進行選擇。

讓我們賦予這些符號一個故事，假設強尼（一）要在有機「農業」（A）和更具破壞性的經營「磚窯」事業（B）之間做出選擇。賈亞（二）

必須在「開採煤礦」（C）和「養殖乳牛」（D）之間做出選擇，前者會對環境造成很大的破壞，後者則代表較環保（儘管不是碳中和）的活動。如果考慮到這些選擇對旁觀者（在本例中是未來的一代）的影響時，這些選擇的重要性就顯而易見了。

收益如下。如果玩家一選擇有機農業，他將總是獲得 100 美元；如果他選擇製磚，他將總是得到 101 美元。對玩家一來說，B 是優勢策略：無論玩家二做什麼，從玩家一的角度來看，磚窯都是比農業更好的商業選擇。

然而，玩家二的收益取決於玩家一的舉動。如果玩家一選擇農業，已知主要會是生產大豆，這是乳牛養殖的替代品。因此，對於玩家二來說，開採煤礦更有利可圖（收益為 101 美元而不是 100 美元）。但是，如果玩家一選擇製磚生意，對乳製品的需求就會比較高，而玩家二就會偏向養殖乳牛（同樣地，收益為 101 美元而不是 100 美元）。如果覺得很難一下子全部記住，請不要擔心，因為我們將在下表中總結——在賽局理論中稱為「收益矩陣」（payoff matrix）。

有鑑於個人希望最大化自己的收入，因此顯而易見，在這個賽局中唯一的均衡是（B，D），即他們的收入為（101，101）。兩位玩家都將獲得最大利潤。如果玩家一偏離至 A，他賺 100 美元，如果玩家二偏離至 C，他將賺 100 美元。因此兩者都不會偏離。

現在假設這個社會的未來世代是貧窮的，因為現在這一代對環境造成的破壞，下一代的福祉完全取決於當前世代的行為。如果玩家一和二選擇對環境友善的行動 A 和 D，那麼後代將獲得 8 美元。如果他們選擇對環境最不利的選項（B、C），那麼子孫後代將一無所獲。如果他們選擇對環境有好有壞的選項（B，D）或（A，C），未來一代將獲得 4 美元或 2 美元的收益。

以下的收益矩陣，呈現了玩家的收益（上），以及旁觀者（未來一代）的收益（下）。

基本賽局

	C	D
A	100, 101	100, 100
B	101, 100	101, 101

未來世代的收入

	C	D
A	2	8
B	0	4

讓我們評估一下可能的結果。在標準賽局理論和新古典經濟學中，玩家在做出決策時只考慮自己的利益，而不會考慮後代的利益。請注意，這會導致均衡（B，D），其中兩個玩家每人獲得 101 美元。請注意，這是唯一沒有任何個人，可以單方面做出改變並從中受益的結果，這是賽局中納許均衡的核心思想。玩家每人可獲得 101 美元，旁觀者僅獲得

可憐的 4 美元。

玩家的道德轉變

對大多數觀察者來說，這群玩家的行為似乎是不道德的。目前這一代人生活富裕，每人收入至少 100 美元。此外，他們的選擇只會對他們的收入產生 1 美元的差別。未來世代的處境很可能會更岌岌可危，收益也會更低。請注意，如果玩家從（B，D）移動到（A，D），那麼未來的一代或旁觀者，將獲得 8 美元而不是 4 美元。如果不做這點小小的犧牲，似乎就不合情理了。

現在假設玩家一有機會與氣候行動家格蕾塔見面，並了解未來一代的重要性，只是他們在我們當前的考量中未能發聲。玩家一了解到道德的最低要求是要注意自己的行為，將會如何影響可憐的旁觀者。

他把格蕾塔的建議牢記在心，事實上我們所有人都應該這樣做，並開始在做決定時考慮未來一代

格蕾塔困境

	C	D
A	102, 101	108, 100
B	101, 100	105, 101

的福祉。為簡單起見，假設玩家一現在給予未來世代的收入，與他自己的收入相同的權重。

這顯然會導致賽局生變。現在有一個自私的玩家（玩家二），他的收益和以前一樣，還有一個道德的玩家（玩家一），他的收益是他自己的收入加上下一代人的收入。這呈現在上方的收益矩陣中。玩家一現在試圖最大化的不是他的收入，而是他和旁觀者的收入總和。我將這種在一名玩家轉變道德觀念後，出現的新賽局稱為「格蕾塔困境」。

更具道德感卻不見得更幸福？

格蕾塔困境的結局是什麼？顯而易見，它只有一個均衡：（A，C）。舊的結果（B，D）不再是均衡，因為如果玩家二選擇D，玩家一就會選擇A，以幫助下一代。而我們知道如果玩家一選擇A，玩家二就會選擇C。如此一來，其他選擇都組合都不會穩定。由於玩家一從不道德的主體，轉變為道德的人，我們最終總是會得到（A，C）的結果。[13]

一開始，賽局似乎有所改善，因為我們已經從每個玩家都自私的世界，進步到只有一半玩家自私的世界。但實際上下一代會發生什麼事？在玩家一遇到格蕾塔之前，未來一代能賺4美元。當玩家一受到格蕾塔影響，成為一個有環保意識的人，決心幫助下一代後，下一代的福祉卻下降到更低，只能獲得2美元。

外部觀察者看到這兩個富人，迫使岌岌可危的未來一代，領區區2美元的惡劣行為，絕對很難理解這種情況會發生，是因為他們中的一個人變得更有道德感，並承諾要幫助未來的一代。從這個案例中可以發現，在戰略環境中，個人的道德意圖，不一定會轉化為促成美好未來的結果。

關鍵在於「遠見」

為了理解「格蕾塔困境」，我們要先達成共識，即任何人獲得的收益低於三美元的結果都是「壞結果」。因此（A，C）和（B，C）是不好的。顯而易見，如果出現了不好的結果，玩家一對此無需承擔任何責任，因為無論他選擇什麼，結果都會很糟糕。但玩家二確實負有道德責任。如果她選擇 D，那麼壞的結果肯定可以避免。[14] 問題在於試圖調和這一點與以下事實：正是玩家一與格蕾塔的會面以及變得有道德，導致了糟糕的結果。

一個可能的反駁方式是爭辯說，玩家一肯定可以看到，正是他的道德行為造成了傷害，因此最好行事不道德。這樣賽局將以（B，D）結束，旁觀者可以過得更好，獲得 4 美元。但這類似於主張說，面對囚徒困境，玩家會意識到應該表現好像自己不自私，以取得好的結果。理論家們駁斥了這種說法，理由是，在說服了其他玩家你是別人之後，偏離總是有好處的。

在「格蕾塔困境」中，與此類似的是，玩家一假裝不道德，將賽局推向（B，D），然後在最後一刻切換到A，以實現（A，D）並幫助旁觀者獲得八美元。對此，賽局理論者會這樣反駁：理性的玩家二會預料到這一點，並因此提前選擇C，這樣我們又回到（A，C）。這種抽象分析的優點，在於它是可以運用在多種情境的工具。這個故事可以是關於一支軍隊的士兵，他們最初並不介意敵方送命，後來有些人開始對無正當理由而實施暴力感到不安。這個故事可以是關於富人為窮人做出一些小小的犧牲。

就對某些行為的承諾而言，傳統賽局理論中的自私個體，和我們在此討論的道德個體之間存在著有趣的差異。在賽局理論中，我們將自身利益（即最大化自身利益的衝動）視為與生俱來。但有可能，道德包含超越這一點的意志因素。因此可以說，在審視賽局脈絡之後，個人可以選擇道德或不道德。如果他們有足夠的遠見，他們可能會在某些情況下決定不做出道德行為，只要這樣能導致道德結果。[15]

缺乏道德意圖，善意將永不存在

「格蕾塔困境」也將我們帶出了道德哲學，進入了認知科學中的聯結主義（connectionism），聯結主義指出，人類思維是由大量神經元網路組成的，單一神經元並不知道自己的作用。現在有人正試圖將這個理論帶入社會科學，並指出可能存在龐大的人類網路，其集體行為是個人沒有意識到的。[16] 在研究這種集體有機體時，在許多情況下，對個體進行道德評價只是徒勞，因為他們可能不具備傳統意義上的意志。

我會說，就目前而言，希望必須寄託在政治學家普特南（Robert Putnam）提出的建議上，他借鑒了法國立陶宛哲學家列維納斯（Emmanuel

Levinas）的作品：「對列維納斯來說，倫理不可簡化的基礎是，在面對受苦受難的人類同胞時，我立即意識到我有義務做點什麼。（即使我實際上幫不上忙），不會感到有義務去幫助受苦者，也不會意識到如果我有能力，我就必須提供幫助……是不道德的。」[17] 請注意，他並沒有違反「應該暗示著有能力」的格言。他並不是說你應該幫助你無法幫助的人，但你應該感到有義務去幫忙。

即使我們現在無法獲得好的結果，我們也必須培養和保持所謂的「道德意圖」，即最終成善的意圖。正是我們的道德意圖，使我們想要跳脫正在考慮的賽局，並思考如何改變我們的行為。道德意圖可能會適得其反，讓事情變得更糟，就像我們在「格蕾塔困境」中所看到的，但儘管如此，它還是可以激勵我們跳脫賽局，思考新穎的解決方案，例如對自私的玩家徵稅或罰款。我將在本書後面對此評論。

要擺脫「格蕾塔困境」的核心思想相當困難。

當我們看到一個群體行事惡劣時，我們不能認定該結果反應了群體中個體的願望。大多數人都不願相信，一群領導人中也許人人都不想做的事，往往是這群人最後做出的事。他們可能是困在捷克前總統哈維爾所描寫的，關於後極權國家的同一種陷阱。格蕾塔・桑伯格的確是出於道德善意，但她必須意識到這樣的困境。關心子孫後代的人，不僅可能沒有幫助到後代，最終甚至可能傷害到他們——不是因為他們沒有採取道德行動，而是因為他們的道德選擇，攸關一場更大的賽局。

好心人的詛咒

我們有理由去問，「格蕾塔困境」所說明的違反直覺的結果，是否是因為只有一個人變得有道德。如果所有玩家都變得有道德會怎麼樣？道德意圖是否仍會適得其反，導致不道德的結果？這在「格蕾塔困境」中很容易驗證，如果雙方都變得有道德，那麼違反直覺的結果就不會發生。然而，在我們這個廣闊的世界中，並非總是如此令人安慰。

只要稍微花點功夫，我們就能找到每個玩家都變得道德，反而會讓結果變得更不道德的例子。比如一個有兩個玩家（一和二）的社會，每個玩家有三種策略或行動（A、B 和 C）可供選擇。使用相同的字母來描述兩個玩家的策略，是一種無害的簡化。如此一來，社會就有九種可能的結果。玩家一在行之間選擇，玩家二在列之間選擇。他們所獲得的收益如下一頁的表格收益矩陣所示，標示為「基本賽局」。

顯而易見，這個社會最終的唯一結果是（B，B），也就是說，玩家一選擇她的行動 B，玩家二選擇他的行動 B。這是一個納許均衡，因為不會有玩家想單方面偏離。讓我們檢查一下其他結果。例如（A，A）。在這裡，兩位玩家都贏得 102 美元。然而，每個玩家都可以透過單方面偏離來做得更好。例如，如果玩家一選擇 B 而不是 A，她將獲得 120 美元。讀者應該能夠驗證這對於（B，B）之外

基本賽局

	A	B	C
A	102, 102	80, 120	108, 108
B	120, 80	104, 104	80, 120
C	108, 108	120, 80	106, 106

旁觀者的收入矩陣

	A	B	C
A	20	4	0
B	4	6	10
C	0	10	4

的所有結果都是正確的。

為什麼好心卻會壞事？

與標準賽局模型一樣，玩家都不會注意自己的行為對旁觀者造成的影響。讓旁觀者所獲得的利益如上圖「旁觀者收入矩陣」所示。由於均衡為（B，B），旁觀者的均衡收益為 6 美元。

現在，一位好心人來到城裡，對人們的道德墮落感到沮喪，並教導玩家基本的道德知識。[18] 如同前一節的格蕾塔，好心人告訴他們：你們選擇（B，B）可以得到（104 美元，104 美元），但是你們沒發現，旁觀者的收益只有可憐的 6 美元嗎？如果你這位超級富豪選擇了（A，A），那麼你只會損失 2 美元，但旁觀者會得到 20 美元。如果這意味著可以為可憐的旁觀者多賺 14 美元，你當然應該準備犧牲 2 美元。你可以不用管另一位玩家，因為她和你一樣超級富有，但是當你選擇時，請留心窮人會發生什麼事。

假設現在兩個玩家都變成了有道德的人。每個人都認為旁觀者，也就是收入低於 25 美元的人，他們的收入與自己的收益一樣重要。因此，如果結果是（A，B），那麼玩家一獲得的總收益為 84 美元，其中包括她自己的 80 美元和給可憐的旁觀者

好心人的詛咒

	A	B	C
A	122, 122	84, 124	108, 108
B	124, 84	110, 110	90, 112
C	108, 108	112, 90	110, 110

的 4 美元，而玩家二獲得的總收益為 124 美元。透過為雙方玩家寫下這些合併收益，我們得到了一個新賽局，即「好心人的詛咒」。看看上方的收益矩陣中顯示的可能結果，你可以看到這個新賽局的均衡是（C，C）。

顯而易見，（B，B）已經不再是均衡。例如，如果原本玩家一選擇 B，現在已成為道德者的玩家一就會偏離到 C。玩家成為好心人後反而使旁觀者的處境更糟。原本旁觀者可以得到 6 美元，現在只剩 4 美元了。即使每個人都懷著好意，但最後個人的道德行為，卻使得群體的行為更不道德。

很顯然，不管是個人變得道德，或是整個群體都變得道德，都無法徹底逃脫這個矛盾的結果。[19]這兩個賽局足以提醒我們，如果我們看到一個群體做出不道德的事，就以為這個群體裡都不是好人，那我們很可能錯得離譜。

也許有人會反駁上述分析，主張在「格蕾塔困境」和「好心人的詛咒」中被描述為具道德感的玩家，其實並不是真的道德。如果他們真的道德，就應該事先分析自己行為的後果，並看出他們最初的道德選擇反而會造成傷害。如此一來，他們應該就會將自己的行為改為表面上的自私，以求達成無私的結果。但正如我們在「格蕾塔困境」中看到的，一旦有一方騙過了另一方，他總是會蠢蠢欲動地想回到先前的策略。然而，另一方也很清楚這一點，所以不會被騙到。最後還是只會回到唯一的均衡。

理性也可能壞事

上述賽局提醒我們，在制定政策時，我們需要像對待理性一樣對待道德行為。賽局理論的一個主要貢獻，是證明個體的理性行為，可能不會帶來群體的理性結果。這促使我們引入法律、稅收和獎勵，以使個人行為與集體利益保持一致。

這種思維促成了一系列保護公共資源的稅收政策，以及有關氣候變遷的全球協議。而上述兩款賽局敦促我們以類似的方式思考，以期使個人道德與集體道德一致。

現在我們知道為什麼關於道德責任的流行論述，往往存在缺陷。在英國統治印度期間，許多英國人說他們的目的是幫助印度發展。這通常被視為虛偽，因為證據指出，印度經濟在殖民統治期間幾乎枯竭。換句話說，英國玩家的行為讓旁觀者印度人受到了剝削。這樣的說法立刻讓我們意識到，按照上述賽局的邏輯，我們不能從剝削的結果自動得出結論，認為所有英國統治者的意圖，都是剝削。

第3部

從個體到世界的選擇

在不確定時代的生存建議與行動

第六章

全體人類的幸福

集體行動對經濟學家來說是一個熟悉的議題。之所以要在這裡深入討論這個問題，是因為上述抽象分析為現實世界中的群體行為和集體行動，開啟了一些全新的當代挑戰。我想讓讀者一窺這些挑戰，並吸引各位加入討論，包括一些關於賽局理論基礎懸而未決的問題。

像「格蕾塔困境」和「好心人的詛咒」這樣的賽局，有很多有趣的含義。在本節中，我想展示它們如何幫助我們理解一個常見的現象，即國家和公司等大型組織，如何充當這些組織內個人的「內疚庇護所」，而這是它們能勝過較小實體的關鍵原因之一。

想想伏爾泰（Voltaire）的名言：「不許殺人；因此，所有殺人犯都會受到懲罰，除非他們是隨著號角聲大肆屠戮。」[1]因為身為軍隊的一員而殺人，抹除了個人奪走他人性命的罪惡感。就算我不殺人，我的戰友也會殺人；所以我沒有理由感到內疚並停止殺戮。

公司作為內疚庇護所

已經有許多文章探討大公司不夠重視更廣泛的社會責任，包括對氣候變遷和環境的責任，如此行徑不僅禍及下一代，也傷害了那些不在公司保護傘之下的當代人。其中一部分其實只是豁免權的問題。大公司可以做一些事而不必擔心消費者或工人的報復，而後者通常沒有同等的影響力。然而，除此之外，龐大而複雜的企業結構也使得它們能夠打造「內疚庇護所」；也就是說，保護作為公司一部分的個人，不會因公司的行為和最終結果而感到責任和內疚。

小公司或自營實體之所以對待客戶和員工態度良好，原因之一是當他們有能力做到卻沒有做到時，會產生內疚和道德有損的感覺。行為經濟學現在已經認識到了這一點：人類不喜歡傷害和欺騙。除了賽局理論立足的最大化自身收益的自利之外，我們還有道德準則和罪惡感，以阻止我們做出某些沒有公德心的行為。

人愈多，愈難追究責任

與小公司或自營商打交道的客戶，比較不會受到不當對待，原因之一是這些不當對待的責任很容易被歸咎於個人，而個人會感到內疚，因此可能會自我控制。而在大公司裡這些責任的歸屬，就不是那麼容易了。假設作為一家大銀行的客戶，我們受到了不公平的對待、被收錯錢或買到劣質產品。如果我們打電話投訴，很快就會發現接電話的人，只不過是一個大組織裡的一個小齒輪，與你所受到的不當對待沒有任何關係。要他們為自己沒有做過的事情道歉是很尷尬的。

同樣地，我們發現我們會克制自己，壓抑自己的憤怒或惱怒，因為這個人與公司的不良行為沒有任何關係。如果我們打算花時間尋找誰該負責，大多數情況下我們都會失望。在最終將產品送到你手上的漫長供應鏈中，通常無法把責任歸到一個人身上，類似於「格蕾塔困境」和「好心人的詛咒」中發生的情況。

這反過來又容許甚至促使大公司，降低對消費者以及員工的待遇水準。這讓大公司得以破壞環境，並對整個社會造成巨大的負面影響，因為公司裡的每個人在這種情況下都感到無能為力。這與軍隊對人民造成附帶損害是一樣的。戰爭期間，城市常被軍隊摧毀。我們天生的罪惡感和道德準則，原本會阻止我們做出這類行為，但我們被一個共同負責的大群體所庇護，使罪責無法分到個人頭上。

當然，我們可以而且確實有法律來減輕這種影響。但事實是，擁有漫長而複雜供應鏈的大公司仍然為個人提供了內疚的庇護所，讓他們可以做出孤身一人不會做出的行為。這些罪惡感庇護所反過來又增加了公司的利潤，使得公司能夠在競爭中勝過小公司和個人賣家。

公司建立這些龐大而複雜的決策結構，也許不是刻意想打造罪惡感庇護所。有可能是在演進過程中，這樣的公司更有可能生存下來，因此逐漸成為常態而不是例外。然而，我們不能排除這樣一種可能性，即足夠聰明的公司首腦意識到了內疚庇護所的力量，而且他們本身就足夠厚顏無恥，所以故意創造了這樣的結構，好讓公司的個人員工（除了他們自己之外），都不用對公司的集體行為負責。

壓迫與監禁賽局

一旦我們在制定賽局策略時進入道德考慮的領域，就會開啟一系列重要的主題，促使我們思考採取行動來防止不必要的集體行為。類似於公司首腦設計一間大公司，以保護個人不承擔道德責任，此處將說明某些人如何利用設計和策略來壓迫大眾，用意是希望能彰顯此一問題，促使大家思考如何防止這種行為。這是一個有趣的例子，因為它說明了，將現代賽局理論分析引入抽象的哲學思想，可以獲得強大的現實洞察力。

本節的其餘部分將以奧康納（O'Connor）的「抽考悖論」（Surprise Test paradox）證明這一點，該悖論引起了哲學家和邏輯學家的極大興趣。

從茉莉花革命到阿拉伯之春

這個世界從古代起就不乏動亂和內戰。試圖了解叛亂、混亂和衝突是一件令人入迷的事，不亞於試圖了解井然有序的社會，不論這秩序是源自市場無形之手，或是強人的專制之手。但是，不同於秩序與和諧，動亂很難有一個模型。但我們在了解無政府及國家本質方面已經有了長足的進展，如今也有希望了解動亂。[2]

在看似和平的時期突然爆發動亂或內戰，反叛在成功之際被擊潰，這樣的例子在歷史上屢見不鮮。就拿過去幾十年來說也有現成例子，從突尼西亞的茉莉花革命，到二〇一〇年起於中東地區規模更大的阿拉伯之春，導致多名獨裁領導人垮台，再到二〇二〇至二〇二一年白俄羅斯人民抗議盧卡申科[二六]（Lukashenko）的殘暴政權，或是二〇二二年因艾米尼[二七]（Mahsa Amini）遇害而在伊朗點燃的抗議行動。這些動亂有可能像即將成形的暴風雨，但又突然平息，抗議人士因為害怕遭到政府報復而紛紛撤離街頭，二〇二一年二月一日緬甸政變之後就是如此情形。[3]

二六　現任白俄羅斯總統。他於一九九四年七月第一次當選總統，至今已經連任七屆，是歐洲在任最久且掌握實權的國家元首。

二七　二〇二二年九月十三日，這名庫德族女性於首都德黑蘭遭到伊朗所謂的「道德警察」逮捕。目擊者表示她在警車上被暴力毆打。數小時內，她就在昏迷狀態中被送醫；三天後，這名 22 歲的女子被宣告死亡。

信念與策略之間的微妙變化，可以提供關於反叛成功與失敗的線索。為了理解這一點，我們可以試著想像一位暴君因為民心思變而失勢。

不難看出，為什麼如此廣泛的反對政府的行為，有時會以公開反抗的形式表現出來。大規模抗議出現之前，通常會先有一個激起民憤的事件，例如二〇一〇年十二月十七日，突尼西亞街頭小販穆罕默德・布瓦吉吉（Mohamed Bouazizi）的自焚事件，為茉莉花革命創造了一個焦點。或者，可能會有一位「焦點領導人」來幫助人民協調行動。

數位技術促進了這種協調。沒有人會願意單槍匹馬出門抗議；那太危險了，因為一個專制國家可以立刻逮捕、監禁或處決這個人。但如果數千人同時走上街頭抗議，每個人都會相對更安全一些，因為暴君可以逮捕和傷害的人數是有限的。因此需要在時間和地點上進行協調，這是經典的焦點問題。[4]

我們在突尼西亞的茉莉花革命中，看到了新科技實現這一目標的力量。人們可以交換訊息，確保他們不會因為獨自抗議或人數過少而被抓捕。這要歸功於流亡人士葉海亞維（Amira Yahyaoui）。

二〇〇五年，年輕的政治異議人士葉海亞維遭到突尼西亞領導人阿里（Ben Ali）的祕密警察毆打，並被流放到法國。從那時起，葉海亞維開始利用社群媒體幫助協調異議人士。二〇一〇年，她透過網路組織了一場活動，讓突尼西亞活動人士同時集體走上街頭。後來抗議活動聲勢日漸壯大，二〇一一年一月十四日，阿里逃離突尼西亞，逃往沙烏地阿拉伯。[5]

起義為何成功？又何以失敗？

這是喜劇收場的故事，但也有一些變革行動功敗垂成的例子。白俄羅斯反對派領袖季哈諾夫斯卡婭（Sviatlana Tsikhanouskaya），逃往相對安全的流亡地點立陶宛和波蘭，並試圖在該國二〇二〇年總統大選後的餘波中，積聚反對派力量。起初還頗有聲勢，但在那之後明斯克[二八]（Minsk）街頭再也見不到抗議人士。

這就引發了一些有趣的問題：為什麼有些起義會成功，有些則會失敗，以及暴君們有意無意地使用了哪些手段來挫敗叛亂。或許，無法預測叛亂是因為固有的極大風險。我們可能永遠無法找到答案，但我想在這裡展示，巨大的不確定性，如何單純地因為群體動力學的複雜性而產生。希望透過更了解壓迫者的作案手法，我們一般公民能夠制定法律和慣例，來制止這種壓迫。

就以一個寓言故事來說好了。有這麼一個國家領導人，他可能曾經廣受愛戴，但現在卻變成了暴君，監禁或殺害任何反對他的人。假設這個國家有一千名成年公民，其餘的是暴君及在警察中的少數追隨者。所有公民都希望推翻暴君。假設有一半的人口（在本例中是五百人以上）出來參加抗議，那麼領導者就會被罷免。假設公民已經就抗議的日期達成共識，焦點已建立。每個公民都必須選擇參加抗議或是保持沉默。假設，除非抗議肯定會被監禁，否則每個公民都寧願抗議也不願保持沉默。[6]

這個國家很大，即使暴君願意，他也沒有能力逮捕和監禁這麼多人。為了使分析簡單起見，假設他最多能夠監禁一百人。因此，看起來暴君是無力翻盤了。如果全體公民同時出來抗議，暴君監禁人民的威脅就不會奏效。抗議者被捕的機率是十分之一。這不足以阻止任何人。因此他們會走上街頭抗議，領導人會被推翻，就像當時絕大多數白俄羅斯人，似乎準備趕走盧卡申科時的情況一樣。

看穿獨裁者的監禁賽局

當然了，盧卡申科可以阻止一百人，他可以點名一百人，並宣布如果這一百人出門抗議，他們就會被逮捕和監禁。這樣這些人被逮捕的機率就會變成一，那麼他們就不會走上街頭抗議。然而，這並

二八　白俄羅斯首都兼最大城市。

不能阻止革命。事實上，剩下的九百人會感到格外安全，因為監獄容量已經達到上限了。這九百人將會走上街頭抗議，那將是暴君的末日。

然而，如果獨裁者夠聰明或幸運的話，他可以徹底阻止革命。手法如下。將市民分成十組，每組一百人，並將各組貼上標籤。第一組由一百名反對派領袖組成，第二組由全國一百名報社編輯組成，第三組由工會領袖組成，依此類推，直到第十組，即一百名青少年。

然後，他必須宣布逮捕抗議者的計劃，並確保這一消息被社會普遍知曉。如果有人抗議他的政權，他就會要求他的追隨者，逮捕一百名反對派領袖。如果抗議政府的反對派領袖少於一百人，他們就會逮捕報社編輯。如果抗議的反對派領袖和編輯人數不到一百人，他們就會轉向第三組，依此類推。

當他們逮捕了一百人且監獄爆滿時，他們就會停止。基本上，這個想法是先找上第一組，然後按順序向下移動，到第二組、第三組……一直到第十組。這名暴君設計的就是「監禁賽局」（Incarceration Game，Basu，2022b）。

製造出無人反對的表象

不難看出，一旦這項逮捕計畫廣為人知，就再也不會有人走上街頭抗議。首先，所有屬於第一組的公民將迅速沉默。因為他們知道，如果他們出去抗議就一定會被關進監獄，所以他們不會出現。由於每個公民都能夠推斷出這一點，第二組的成員很快就會意識到，如果他們出去抗議，他們肯定會被逮捕，因為第一組沒有人參加抗議。第三組知道第一組不會參加抗議，也知道第二組不會參加抗議，因此他們也不會參加抗議。這種不可避免的逆向歸納邏輯，會一直延續到第十組的一百名青少年，他們很快就會意識到，如果他們出去抗議，就會被警察抓住。最後白俄羅斯的街道將空無一人，似乎沒有人反對盧卡申科的政權。

監禁賽局與課堂抽考

用於創建監禁賽局的推理，對分析哲學來說是熟悉的領域，因為它出現在著名的抽考悖論中。[7] 以下是對這一悖論的簡短複述。一所學校的校長走進教室，告訴學生們下週將有一場「抽考」。學生回家時都垂頭喪氣，因為抽考從來都不是一件有趣的事。你不知道它什麼時候會發生。然後，一名班上最優秀的學生開始思考，這件事可能在哪一天發生，並得出了一個有趣的結論。在這週五是不可能的。因為那是一週的最後一天，如果考試安排在那一天，那麼週四放學時每個人都會知道，考試將在週五舉行。因此，週五進行抽考在邏輯上是不可能的。但如果排除週五，那麼也必須排除週四，因為如果考試安排在週四，那麼每個人在週三就會知道考試將在週四舉行。但這樣就不足為奇了。透過逆向歸納，我們可以將這個邏輯延續到週一，從而得出一個自相矛盾的結論：抽考是不可能的。

把這些常識推理視為純粹的學術練習，就太愚蠢了。[8] 正如上述寓言所示，獨裁者確實會採取這種策略，儘管他們往往不太可能充分了解，這些策略是如何運作的，但還是經常得逞。

獨裁者如何成功壓制異議份子？

我們需要了解這種戰略思維的作用，以及分層知識的力量，因為專制壓迫在世界上很常見，而且從各方面來看都正在增長。[9]

在任何一個具有一定人口規模的現實國家中，都很難讓這類逮捕、監禁或處決的規則（即誰將先被抓，誰將第二個被抓等）眾所皆知。也難怪能有許多獨裁者垮台而許多起義成功。然而，也有許多暴政領導人的例子，從盧卡申科和奧蒂嘉[二九]（Daniel Ortega）到普丁，他們都成功壓制了異議人士。

這並不那麼困難的一個原因是，在上述問題

二九　尼加拉瓜現任總統，二〇〇七年上任至今。

中，眾所皆知是充分條件，而不是必要條件。[10] 所以不用眾所皆知，就能挫敗叛亂。在現實中，這很大程度上取決於我們能夠多接近眾所皆知。一位聰明的領導者可以想辦法傳播其戰略消息，使知識層累積到足以挫敗抗議活動。因此，如果被捕的機率很高，機率甚至不用接近一，人們就會放棄抗議，現實情況就是如此。換言之，即使你不確定你會被逮捕，你也不會去抗議。

非理性英雄

當然，現實情況也很複雜。監禁賽局涉及猜測其他人的想法，而沒有人能萬無一失做到這一點。因此，這些打壓異議的方法還是有可能失敗。這很大程度取決於獨裁領袖的直覺和狡猾程度。此外，還有一些人，例如聖雄甘地（Mohandas Karamchand Gandhi）、首任捷克共和國總統哈維爾（Václav Havel）、南非總統曼德拉（Nelson Mandela）、民權運動領袖金恩（Martin Luther King

Jr.），他們的道德承諾如此之深，以至於讓他們變得「非理性」，這裡指的是賽局理論中所說的「非理性」，威脅也許無法讓這些人改變行為。

很多時候，改變能發生就是因為有這樣的人存在。蕭伯納在《人與超人》（*Man and Superman*）中描述的更生動:「通情達理的人使自己適應世界，悖理違情的人則堅持要世界適應自己。因此，一切進步都仰賴悖理違情的人。」

擁有道德準則對社會來說很有價值。然而，正如「格蕾塔困境」所彰顯的，這並不是一個萬無一失的解決方案。處於策略環境中的好人，最後可能會造成無心的傷害。我在這裡的目的不是要解決這個問題，無疑是因為我意識到自己不太可能成功，而是展示道德哲學和賽局理論能多麼接近現實。[11]

在現實生活中要解決這個問題，確實十分艱鉅。[12] 正如獨裁者想要挫敗叛亂並不容易，因為他們無法設計出懲罰方案且充分宣傳，以使其成為眾所周知的事實，也無法應對社會中少數不理性的道德人士，我們也可能無法藉由制定事前協議和憲法，來成功限制領導人的權力。儘管如此，借鑒了抽考悖論的監禁賽局，仍指出了我們必須努力應對的挑戰。

為了更美好的世界，超越人生賽局

道德意圖是必要的，但還不夠。只有結合道德意圖與科學分析才能帶來希望。

二〇二二年十月二十九日晚上，韓國首爾市中心發生重大事故，當時有十多萬人聚集在梨泰院地區慶祝萬聖節，主要是青少年和年輕人。隨著人群逐漸聚集，路上慢慢變得水洩不通，到最後人們動彈不得，引發了恐慌。人們試圖衝出困局，反而使得情況更加惡化，因為他們無法逃出被互相踩踏的人群堵塞的狹窄小巷。最後有超過 150 人窒息而死，這是一場令人震驚的悲劇。

事後，記者都不知該如何解釋哪裡出了錯。這場悲劇並不是地震或風暴等天災引起的。也沒有施暴者，像是獨裁者下令圍剿、槍斃一樣。無法為悲劇追究責任，讓人們感到不舒服，幾乎覺得自己成了共犯。然而，我們一次又一次地看到，對於集體結果，我們無法指責某個人甚至某個團體，負起責任。

這是否意味著我們只能接受這些悲劇，做個束手無策的旁觀者？答案是，不是；更正確的說法是，希望不是。創造更美好世界的關鍵在於展望未來，預測可能出現的問題並防患未然。對於地震和海嘯等自然災害，這涉及自然科學。我們需要意圖，也需要物理和化學。對於人類集體行動的悲劇，例如戰爭、衝突、壓迫、某些氣候災害以及梨泰院那一夜的慘劇，除了道德意圖之外，我們還需要社會科學、賽局理論和數學。

無知之幕

理想情況下，我們希望隔著哲學家羅爾斯（John Rawls，1971）所說的「無知之幕」（veil of

ignorance）規劃未來。也就是說，這個社會應該是一個無論我處於何種社會地位，都仍想成為其中一份子的社會。這能確保我們在制定行動計劃時保持公正。

這就是我們之所以要制定憲法或宣言的原因。當領導人和立法者想到憲法，當普通民眾和活動家起草宣言時，他們考慮的是未來，考慮的是未來一百年甚至幾百年將適用的基本規則。不同於預計下個月或明年生效的所得稅新法，我們對新稅法將如何影響每個人大致有概念，而憲法條款通常是針對遙遠未來的廣泛規則。在這種情況下，個人的身分變得模糊。因此，當我們思考憲法時，自然會傾向於隔著無知之幕去思考。

在起草宣言或憲法時，大多數時候人們都知道，它需要很長時間才能生效，而且一旦生效，人們就希望它的條款和協議能夠長久適用。自我的身份不是零，只是應該隔著一層無知之幕，但希望也不是過分突出，如同我們在日常生活中制定策略和採取行動時一樣。

如今，我們的立足之地正在變動。危險的兩極化導致威權主義興起，如果以為我們的生存風險，只來自自然變動或天災，就如同恐龍滅絕一樣，那就太愚蠢了。人類很可能造成自身的滅絕，而這是集體的責任：每個人都忙於日常瑣事，為自己的利益行事，但這次可能不是亞當・斯密那「無形之手」，給所有人帶來幸福。它可能更像是惡意的無形之手，沒有一個人該負責，看似沒有中央權威，只有小兵們各司其職，但最終卻創造了一個險惡的社會。[13]

集體行動

想要安然度過這一世界轉折點，唯一的方法是集體行動。是時候制定宣言和議程、協議和憲法以創建更美好世界路線圖了。本書的最後一章，將從實用可行的角度，明確討論其中一些規範性問題。

然而，本著本書的精神，我想以兩個跨越賽

局理論和道德哲學的開放性分析挑戰，來結束本章，敦促我們反思和推理，即使我們不能立即解決它們。

我在本書的多個地方談到了同理心（empathy）和考量他人的偏好（other-regarding preference）是建立更美好世界的要素。標準賽局理論的缺陷就是未能為此建模。正如我們在第二章中看到的，賽局的描述包括每個玩家的「收益函數」，具體指定了玩家從賽局的每個可能結果中，獲得的收益，這是既定事實。

不同於主流的新古典經濟學，在賽局理論中，我們有空間讓玩家對其他人的商品和服務消費保持敏感。只要將其他人對蘋果、橘子和汽車的消費，納入作為我收益的決定因素之一就行了。

然而，傳統賽局理論並不允許我的報酬來源，依賴於他人的報酬之上。在現實中，一個具備關照他人偏好的人，對某個結果的評價，可能會因為他人從該結果中獲得的報酬多寡，而有所增減。這種判斷甚至會因為對方在另一種結果中會獲得多少，而有所不同。

舉例來說，如果我選擇某個行動，會導致另一個人獲得的報酬遠低於我採取其他行動時他所能得到的，那我可能就會選擇不那樣做。但在標準的賽局模型裡，不允許這種報酬上的相互依賴。

複雜賽局

一個令人興奮的研究議程是，創建一個更複雜的賽局理論，其中每個玩家的收益函數取決於其他人的收益函數。在這個「複雜賽局」中，要實現均衡，首先需要為每個玩家找到各自的收益函數向量，使得它們彼此相容，即在給定其他人的收益函數的情況下，每個玩家都會得到分配給自己的收益函數。然後，在給定這個收益函數向量的情況下，我們必須找到所有參與者的行動，以達到通常意義上的納許均衡。

我相信，這是一個可以完全解決的研究問題，如果解決了，它將為我們提供一個更豐富的框架，以分析我們在具有同理心和考量他人偏好的社會中，可以期待的結果類型。這也將有助於開拓研究和分析的空間，以制定協議和公約，建立一個更美好、更友善的世界。

我想簡要評論的第二個問題更加開放。是關於人生賽局的想法。當我們談論改變賽局規則時，正如我上面所做的那樣，我們顯然已經跨出了一開始談及的賽局。當我們在前文中提到，獵鹿賽局落入糟糕的均衡後，如果我們開始討論，如何採取不同的行動並達到更好的均衡，從這一刻開始，我們就跨出了所描述的賽局。

在獵鹿賽局中，每個玩家可以在 S 和 H 之間進行選擇。玩家可以交談並藉此預先承諾某些行為，這並不是賽局的一部分。那麼，透過分析玩家在入局之前應該如何交談來解決糟糕結果的問題，是否有意義？當人生賽局就是世間一切的時候，跨出人生賽局又意味著什麼？

要理解這一點，我們需要認識到，現實中並不存在所謂的人生賽局。正如不存在「萬物集」這樣的東西一樣，我們也不能擺擺手，用「自然法則所允許的一切對玩家都是開放的」，來描述一款賽局。這意味著，事實上並不存在，源自於自然法則、所謂自然的、明確定義的人生賽局。相反地，如果我們想使用「人生賽局」這一詞，必須是經過深思熟慮的結構，是賽局理論者之間的共識。

人生賽局對賽局理論者而言，就如同憲法對公民而言一樣。這是關於我們分析界限的協議，而我們同意不超越這個界限。

如果我們採取這種觀點，而我相信我們必須這樣做，那麼問題就出現了，當我們看到一個糟糕的集體結果時，我們希望討論如何改善結果：我們認為，也許玩家之間應該進行對話，以便他們相互了解；也許我們應該鼓勵玩家，事先就如何互動達成協議等。問題是，這等於藐視我們自己的公約，即在原始賽局以外沒有任何東西。當我們的人生賽局中沒有對話的空間，我們該如何進行對話？

凝聚共識不可或缺的「道德意圖」

目前尚不清楚我們該如何解決這個困境，我只能把問題留在這裡。現在我們只能做毀約棄譽的人。也就是說，我們先描述人生賽局，然後，當我們不喜歡結果時，就會違反分析師之間的合約條款，並跨出賽局去尋求共識、對話和章程來幫助我們創造一個更美好的世界。

最重要的一點是，儘管我將人類道德意圖描述為非常寶貴，但本身可能不足以創造一個更美好的世界。正如我們在「格蕾塔困境」和「好心人的詛咒」等賽局中所看到的，賽局範圍內的道德意圖，甚至可能會讓事情變得更糟。

但道德意圖確實有用，因為它激勵我們跨出賽局，去對話和活動，去改變規則並達成長期協議，道德意圖是推動世界更美好的動力。這就是最後一章關注的主題。

在討論規範性問題之前，我想先提醒大家注意實證分析中一個更大的問題，一旦我們認識到賽局本質上的開放結局，這個問題就會浮現出來。這對日常生活亦有影響。賽局理論者從賽局的邊界角度，分析跨群體、跨國、跨家庭成員的衝突。事實上，還有很多行動和解讀正無形上演。

就以人與人之間交換的訊息來說，無論是國家元首談論戰爭，還是家長解決家庭衝突，之所以會發生很多誤解，且往往因此加劇衝突，這不是因為我們說了什麼或做了什麼，而是因為言外之意，或我們的舉止所傳達出的暗示。

言外之意的變數

我們不僅透過所說的話來傳達訊息，也透過沉默以及那些未說出口的言外之意。而那些言外之意，無論是以言語或行為的形式，在現實生活中都永遠無法完全定義，因為事實上，根本不存在所謂的人生賽局。

我們不知不覺放在腦中的隱藏假設還算堪用，直到某些潛在的變化迫使我們意識到，我們的模型中存在我們不知道的假設。當我們試圖重建和擴展我們的模型，並意識到這些隱藏假設的存在時，經濟學、政治學甚至科學研究就會取得一些最深層的突破。例如，自亞當・斯密時代以來，經濟的標準觀點是，買賣雙方透過價格的上漲和下跌，來確保所有商品和服務的需求等於供應。然而，這個隱含的假設開始受到挑戰。

隨著新技術和大數據的出現，雙邊交易的情況愈來愈多，各個買家的價格不一，賣家之間亦然。隨著市場運作，我們互相交換好處，使得這些模型變得更複雜。隨著企業更了解你的偏好，或了解你在搜尋時的耐心程度，他們可以調整你支付的價格。嚴格來說，這或許仍能讓市場保持高效，但代價是大量人口被徹底剝削，不平等程度難以想像。為了理解和模擬這一點，我們必須超越常規科學，來探討我們社會中的基本真理。

第七章

通往更美好的世界之路

烏雲在我們的地平線上聚攏，投下不祥的陰影，預示著環境惡化、衝突和混亂、不平等和不公正。暗影確實正在困擾著這個世界。它讓人想起第一次世界大戰前夕，奧登（W. H. Auden）在紐約迪茲俱樂部寫下的那些不祥的詩句：

懸心憂懼
心存僥倖的希望破滅
在這低落虛偽的時代。[1]

隨著全球化的速度加快，商品和資本在各國之間流動，人類的前景日益靠攏在一張傘下，具有共同的關切和共同的希望。也許正是因為這個原因，全球化才使得個人和群體，以歷史上罕見的方式相互對抗。

人類的困境

在這個時代，勞資關係發生變化，勞動力需求減少，陰謀詭計和勾結不斷，對許多普通公民來說，時局充滿了焦慮和沮喪，迫使許多人拉下百葉窗，不看不聽，縮回自家。

對我們人類來說，這可能就像六千六百萬年前恐龍面臨的生死存亡關頭。牠們或許也看見了天邊聚攏的烏雲，但牠們只是沉默的旁觀者，沒有意志，迅速滅絕，成為千萬年後人類挖掘、解剖並在博物館展出的化石。

我們擁有一個恐龍所沒有的優勢——內省、分析和改變的能力。這其中蘊藏著希望，理性和集體行動的希望，不僅能渡過難關，還能在脫離困境後變得更好，創造一個更公平的世界，實現跨地區、跨世代共享的繁榮。因此，我們絕不能屈服於拉下百葉窗的衝動。我們必須提醒自己，即使是最黑暗的冬夜也會有一絲光芒。鑑於近期的歷史發展軌跡，如果我們袖手旁觀，屆時失去的將難以估量。另一方面，如果我們運用理性，奮起改革，我們就能贏得全世界。

各盡所能，各取所需

我們在歷史上已經見過許多有效的集體行動，人們同心協力，刻意地引導歷史的走向。一七八九年的法國大革命、一八六一年開始的美國內戰、一九一七年的俄國革命、印度為擺脫殖民主義枷鎖而掀起的非暴力革命，終於在一九四七年使國家獨立，以及一九九〇年二月十一日那歷史性的一日，歷經二十七年對種族隔離和種族壓迫的漫長反抗後，曼德拉終於走出了監獄，而這些都是例證。

這些人類起義的特別之處在於，追根究柢，它們的根基僅僅在於言語：辯論、演講和宣言。蘇格蘭、英國和歐洲大陸的啟蒙哲學家的著作，為法國大革命鋪路。林肯發表了反對奴隸制和種族隔離的演講，激動人心，進而引發了內戰，因為聯邦各州的另類右翼團體擔心林肯的勝利意味著他們將失去剝削的「權利」。馬克思的著作啟發了俄國革命，並影響了自稱是社會主義者並一度是南非共產黨員的曼德拉。印度的獨立之戰發源於一些協會，例如孟加拉的革命組織「實踐協會」（Anushilan Samiti），該組織以健美俱樂部為幌子，為國家自由制定計劃，後來又依托於尼赫魯（Jawaharlal Nehru）、聖雄甘地和泰戈爾的巨著。

然而，沒有任何革命理想的法典，比馬克思和恩格斯於一八四八年在歐洲共和革命中發表的《共產黨宣言》（*The Communist Manifesto*）更具影響力。它後來不僅引發了俄國革命，也促成了一九四九年中華人民共和國的建立、格瓦拉（Che Guevara）和卡斯楚的古巴革命等，在全球迴響不斷。我們可以輕易看出，它植根於馬克思的理論著作及其有力的規範渴望之中的吸引力，概括為一句話就是「各盡所能，各取所需」。[2]

這句話充滿了道德共鳴，訴諸人類的同情和善良，簡直就像是引述自聖經，也像是出自傳教士或精神領袖口中的話語。那麼我們在十三世紀多明尼加修士兼神父阿奎那（Thomas Aquinas）的著作中發現類似觀點，也就不足為奇了。阿奎那在他的經典之作《神學大全》（*Summa Theologica*）中寫道：「在需要的情況下，所有東西都是共同財產，因此拿走別人的財產似乎並非罪過……『如果』需要如此明顯且緊急，顯然必須用任何手段來滿足當前需要，那麼一個人利用他人的財產，來滿足自己的需要即是正當的……」[3] 難怪一些最激進的思想，都源自於神學著作。

歷史不如預期前進

然而，歷史並沒有按照預定的路線前進。走著走著，俄國共產主義革命變形成最糟糕的裙帶資本主義（crony capitalism），還附加壓迫性寡頭政治形式。中國革命早期的理想主義，被殘酷的威權主義和獨裁統治取代。即使在較小的國家，我們也看到了類似的軌跡。例如在尼加拉瓜，奧蒂嘉在馬克思主義思想的薰陶下，推翻了邪惡腐敗的德瓦伊萊（Anastasio Somoza Debayle）政權，但他上台執政後，自己也變成了一個獨裁者，身邊圍繞著阿諛奉承之輩。[4]

許多進步運動所追求的目標，與最終結果之間的落差，已經產生了不幸的後果。這些進步的舉措，在每次失敗後，幾乎都會被極端保守團體，以及在當前不公正環境中的既得利益者，用來阻礙重新分配收入和財富。他們將實現更大平等和消除貧窮的目標，與俄羅斯、委內瑞拉和尼加拉瓜的任人唯親及暴政劃上等號，試圖阻撓一切進步運動。

我們必須承認，一個公平而充滿同情的世界，這一目標是值得欽佩的，只是馬克思關於如何實現此一世界的藍圖存在嚴重缺陷。

經濟學是錯的

換句話說，馬克思的規範抱負是正確的，但實證經濟學是錯的。意識到這個錯誤的人是卡夫卡，儘管他是以寓言的方式寫作，而不是以社會科學家的身份下筆。正如他在小說《城堡》中優美的描述，人們渴望擺脫單調乏味的生活，前往一座閃閃發光的城堡，這或許沒有錯，但在此同時，對於是否有一條通往目標的可行之道，人們必須心存警惕。

以現在的世界來看，未來很可能會出現動盪，因為我們的經濟和社會正在發生巨大變化，這種變化部分是由於我們自己的愚蠢，加上過度的剝削和放縱造成的，但也有自然及幾乎不可避免的原因。[5] 如果我們不把動盪視為放棄的時刻，而是視為採取行動的動力，人類社會也許能夠撥雲見日，走上一條更好的道路。

理想主義者和激進分子過去所犯的錯誤，是

在設計制度時，忽略了個人的動機。我們必須承認，自利的動力和獲利動機是經濟人（*Homo economicus*）本質的一部分，這不是否認這種情況將來可能會改變。

規範在改變，人類有所進步。在某些社會中，你可以在夜間走在四下無人的街道上，錢包鼓鼓，卻不用擔心會被搶走。在其他社會中，即使你的錢包不怎麼鼓，也很有可能會被搶走。在某些社會中，你可以在排隊時與前面的人留出空間。在其他社會中，新古典經濟學家不會失望，因為很有可能，有人會最大化效用並趁隙插入。我們擔心由於人類的自私和公地問題，導致村莊的池塘遭到過度捕撈。另一方面，家中冰箱通常不會鎖上，但裡面的食物也不會被吃得精光。

我們不會把喜歡的食物全吃光，因為我們知道比起更有行動力的我們，身體虛弱的長輩更需要它們。我們的規範和道德準則，有助於解決家庭的共有問題。[6]

積極阻止裙帶資本主義

可以想像，或許將來有一天，我們可以超越家庭或家人等小團體，在整個國家或社會層級，創造一個我們根據自己的能力做出貢獻、根據自己的需要進行消費的世界，就像我們在自己家一樣。然而，世界還遠遠未達到這一狀態。如果有人不相信，並試圖在一夜之間建立一個烏托邦國家，在那裡個人沒有財產權，沒有私人企業，所有的財富都集中在國家手中，那就太愚蠢了。

一旦所有財富都集中在一處，國家就成為親信們的完美獵物。一旦他們奪取了國家，我們就會面臨最糟糕的裙帶資本主義。也難怪歷史會告訴我們，裙帶資本主義是共產主義的最後階段，俄羅斯就是明證。

然而，這種務實絕不能被視為接受現狀的理由，更不能被視為許多保守派圈子裡更愚蠢的做法，即將現狀視為理想狀態。阿西莫格魯（Acemoglu）和羅賓遜（Robinson）在題為「哈耶克的錯誤」的章節中，精譬地分析了全包式國家和自由放任之間的平衡行為。

奧地利知識分子兼經濟學家哈耶克（Friedrich Hayek），因對全包式國家和在龐然大物之下生活的恐懼，走向了另一個極端，試圖「反其道而行」。哈耶克沒有預見的是，全包式國家和極端的自由放任主義，雖然表面上是兩種截然相反的治理方式，但最終的結果卻是相似的：都趨向於裙帶資本主義。取得平衡的關鍵是限制國家規模，同時讓國家扮演將財富，從富人轉移到窮人的角色。[7] 正如下一節試圖論證的，在不縮小整體經濟規模的情況下，甚至是在促進其成長的同時，是有可能實現這一目標的。

我們只要睜開眼睛，就能看到這世界令人難以容忍的不平等。[8] 無需成堆的資料證明，只要有點觀察力的人都能看得出來。現今的不平等現象是否比以前更加嚴重尚有爭議，但毫無疑問的是，目前的不平等現象，已經達到了任何合理的規範標準，所無法接受的程度。

無論我們是社會的贏家還是輸家，我們都應該準備承認這一點。即使是富裕階層偶爾也會對現狀感到不安，這也是充滿希望的理由。[9]

貧窮是一種代際陷阱

世界各地，驚人的經濟不平等現象的影響，正在蔓延至政治和社會。經濟不穩是中東暴力衝突和歐洲多個國家法西斯情緒興起的主要因素。即使在美國這樣的老牌民主國家，經濟邊緣化也導致沙文主義和至上主義，在認同上獲得強化，以及其他社會問題。

根據世界銀行的估計，二〇一八年（我選擇的是疫情之前的時間），有六・五九億人的生活費低於每天 1.9 美元。這是一個驚人的數字，因為這個世界上也有些人財富超過 1,000 億美元，即每天的收入約為 1,400 萬美元。[10]

在富裕國家和發展中國家，都充斥著一種強勢的聲音，聲稱這樣的收入差距是公平的，因為它們是自由市場的結果，是創造激勵所必需的。不幸的是，甚至有些還出自在現行制度下損失最大的一些人。有人認為，正確的激勵可以促進成長，而整體財富的成長，最終將「涓滴」到最需要的人身上。我們確實需要一些不平等來創造激勵，但這世界的不平等程度，不應該高到有些人的日收入為 1,369 萬美元，而有六億多人的每日生活費僅為 1.9 美元。[11]

我相信，總有一天，當人類回顧我們這個時代，會疑惑我們怎麼能容忍這樣的不平等。他們會對我們的自滿感到震驚，就像我們震驚於前人怎麼能容忍奴隸制、販賣和拍賣人口、種姓制度和不可接觸制一樣。有種觀點是，當今的不平等現象是公平的，是因為它反映了人們的選擇，有些人選擇努力工作、承擔風險，而另一些人選擇少賺錢多悠閒。但只要你願意承認，大多數窮人都是生來貧窮這一簡單事實，這種觀點就會不攻自破。畢竟嬰兒不能工作，嬰兒時期的財富程度，顯然無法反映一個人是否勤奮。

從理論研究到實證研究，我們現在有充分的證據顯示，貧窮是一種代際陷阱（intergenerational trap）。[12] 由此可見，當今的不平等現象很大程度上是隨機的。即使我們可以合理化其他形式的不平等，我們也無法合理化某些人生來貧困，而某些人卻富可敵國，還說這樣是公平的。

邁向更平等的世界

為了糾正這種現狀，走向一個更公平、更平等的世界，同時又不損害激勵機制、導致更糟糕的局面，我們首先必須承認，人類會在某種程度上考慮自己的利益，此外我們還必須了解市場如何運作。經濟理論和賽局理論的成果，與我們接下來的任務密切相關。

我們必須讓私人企業蓬勃發展，讓市場正常運轉，不受過多的官僚干預。我們不希望政府聚斂巨額財富，因為這必然會導致貪腐和裙帶資本主義。這意味著國家不能持有太多的財富，而應該扮演將財富從富人轉移到窮人的角色。

我們能實現這一切，卻不損害人們努力工作為自己創造財富的激勵制度嗎？我相信答案是肯定的。是的，如果我們願意從事實出發，並保持理性。我以奧登絕望的字句開始這一節。在本節最後，在繼續概述行動主義的必要性之前，讓我們記住同一首詩中的反抗，它提醒我們，我們擁有：

一個聲音
去揭穿層層的謊言
……以及權威的謊言
即使其架構已高聳入雲

手風琴稅

最富有的人比最貧窮的人富裕的程度，不是十倍、百倍或千倍，而是一千萬倍左右。這當然是不可接受的。

除此之外，它也損害了民主，因為在這種驚人的收入差距下，富人有千萬種方法來壓制窮人的言論。窮人手中除了選舉權，幾乎一無所有，當然更沒有有效的聲音。財富集中在少數人手中，最富有的一群人影響輿論、收買政客並壓制異議。一旦發生這種情況，事情就再難轉圜，因為惡性循環之下，大多數人已經失去了聲音。

一個相關現象就是對窮人本身的貶低，這種現象與貧窮和極端不平等有關，但由於我們沒有詞彙來描述它，所以沒有受到太多的關注。西班牙哲學家科爾蒂那（Adela Cortina）創造了「恐窮症」（aporophobia）一詞，來描述這種現象，並討論了恐窮症有多麼痛苦。

人們會談論種族和性別歧視，但在沒有其他相關身分的情況下，幾乎很少有人談論針對窮人的歧視。我們需要解決極端不平等，即使它與其他標記無關。

科技帶來的新問題

有些問題因為數位科技的進步而變得更加嚴重。其中一個例子就是用於購買和銷售產品和服務的數位平台，例如 Amazon、Uber 和 Airbnb。我們傾向於使用傳統的經濟模型來分析這種新經濟，其中個人是巨型機器中效用最大化的齒輪，但這種模型不再適合我們。[13]

在傳統經濟學中，買家和賣家是透過市場這隻無形之手，或想像中的拍賣師聚集在一起。隨著數位平台的到來，拍賣師不再是想像出來的，而是一家實實在在的公司，其唯一關注的就是自身的利潤。這導致財富大量集中在頂層，使我們必須以新的方式思考市場。此外，隨著數位科技的進步，我們也被迫將數據和資訊視為財產，必須以新的方式思考法律和政策。[14]

事實證明，《反壟斷法》等傳統法律已不夠完善。有人批評這些法律過於集中於消費者，這是正確的，我們需要把關注點轉向小型零售商和勞工。

[15] 然而，除此之外，這些平台的優勢在於規模，這也帶來了一個問題。我們無法透過使用《反壟斷法》將平台分拆為多家公司來解決這個問題。有些平台就是不能拆開，否則就會失去原來的高效。那麼，我們能怎麼辦？一個選擇是容許這些公司賺取高額利潤，但確保這些公司的股權分散，從而確保高額利潤落入一大群人的口袋。

對於一些最大、最關鍵的平台，我們可能需要考慮更激進的政策，例如宣布它們是非營利的。當一家公司成為整個經濟的門戶，每個人都必須進入這個門戶才能生存時，我們就不能讓這間公司落在私人手中。人們常常忘記，成立於一六九四年的英格蘭銀行，在當時是一個盈利實體，有一千兩百人持有股份並賺取股息。然而，人們逐漸意識到，金錢是通往現代經濟的大門。沒有人可以再靠以物易物維生。這使人們意識到，貨幣創造不能落在盈利性公司手中。最終，中央銀行成為非營利實體。現在我們可能必須對一些關鍵的數位平台，採取類似的思考方式。[16]

全民基本收入

也有人提出其他有趣的想法，來糾正最嚴重的不公平現象。其中特別受歡迎的是全民基本收入，即國家保證每個人都能獲得最低基本收入。在沒有其他糾正措施的情況下，全民基本收入是有吸引力的。但這並不理想。它只注重減輕極端貧困，對不平等問題關注太少，而這又會產生新的問題。

此外，我們也必須牢記一個務實的考量：固定的保障收入，可能會損害工作和創造的動機。基於同樣的原因，我們必須謹慎看待收入上限的想法。如果我們對人們的最高收入設定上限，不平等現象確實可以得到控制。但隨著愈來愈多的人達到這個上限，這將嚴重抑制努力工作和創新的動機。你不僅不能透過努力工作賺到更多的錢，甚至無法提高你在社會中的相對地位。幸運的是，我們可以透過徵稅進行大量的收入重新分配，同時將對個人工作動機的損害降至最低。[17]

現代人的基本需求

我們可以合理地認為，一旦基本需求得到滿足，人們努力工作和進取的主要原因，就是為了提高他們的相對幸福感，也就是與他人比起來如何。主流經濟學認為，人類努力工作是為了實現其絕對福祉的最大化，通常以收入或財富來衡量。但這需要很多附帶條件。

首先，有些職業是人們不計經濟回報都樂於從事的。尤其是對於藝術和知識的追求。畢卡索的熱情在於繪畫，即使繪畫無法為他帶來任何收入，他也極有可能繼續繪畫，只是他碰巧因此賺了大錢。梵谷熱愛繪畫，因此他堅持繪畫，儘管繪畫沒有讓他賺到半毛錢。

再回到蘇格拉底，若用英國歷史學家休斯（Bettany Hughes）的話來說，「蘇格拉底像龍捲風一樣，席捲了雅典娜的城市……女人、奴隸、將軍、賣甜味和苦味香水的商人——他把所有人都納入他的對話中。」[18]蘇格拉底的學生色諾芬（Xenophon）記得，蘇格拉底會在市場上花一整天的時間，與任何願意傾聽的人交談。在《游敘弗倫篇》（*Euthyphro*）中，柏拉圖引用蘇格拉底的話說：「由於我對人的愛，他們認為我不僅會無償地對任何人滔滔不絕，我甚至願意自掏腰包，只要有人願意聽我說話。」[19]

除了梵谷、畢卡索、蘇格拉底和其他許多富有創造力的人之外，我們發現，即使是那些為了賺錢而工作的人，一旦他們的基本收入超過一定水準，並且基本需求得到滿足，他們再賺更多的錢主要是為了提高他們的相對收入。有錢人殫精竭慮累積財富，不是為了擁有第三艘遊艇，而是為了向別人展示他們的第三艘遊艇。至少制度經濟學鼻祖凡勃倫[三〇]（Thorstein Veblen）時代開始，就有大量文獻探討相對收益目標的重要性。當人們貧窮時，原始驅力就是求生存，然後達到一定的基本舒適標準，但是一旦這些基本需求得到滿足，原始需求就會轉變為相對表現，如比隔壁的鄰居過得更好。在這個數位時代來說，就是要比我們 Facebook 上的好友過得更好。

更公平的社會

這為政策干預提供了機會，可以在不損害工作動機的情況下，創造一個更公平的社會。為實現這一目標，我想提出的工具是「手風琴稅」（accordion tax）：一種使收入分配更加平衡，但不改變收入排名的稅收制度。換句話說，我們可以大致保留國民所得成長的動力，同時消除巨大的不平等。另外，在我即將提出的建議中，不需要財富集中的大政府。

要描述手風琴稅，我們必須選擇一個收入水準

三〇　生於一八五七年，挪威裔美國人，經濟學家，被推崇為制度經濟學的創始者。最著名的作品為一八九九年出版的《有閒階級論》（The Theory of the Leisure Class）。

稱為「基準」（hinge），這個基準並且必須大於或等於社會平均收入。然後我們必須選擇一個小於一的稅率 t。基準和稅率完整地描述了手風琴稅制。所有收入高於基準的個人，高於基準的收入部分都需繳納 t 稅率的稅。因此，如果基準是 5 萬美元，而阿曼達的收入為 6.2 萬美元，且稅率為 50%，那麼阿曼達必須繳納 6,000 美元的稅款。根據這條規則徵收的錢，將轉移給收入低於平均收入的人。一個人愈窮，獲得的轉移金額就愈高。這是手風琴稅的廣義概念。下面將解釋轉移稅金，給低於平均收入者的具體規則。

這不是手風琴稅正式定義的一部分，但其理念是，如果平均收入高於滿足基本需求的水準，則應將基準設定為平均值。如果平均收入低於基本需求水準也就是說，我們面對的是一個非常貧窮的國家，那麼基準應該設置在更高的水準，具體而言，是在滿足基本需求的水準附近。因為超過這個水準仍辛勤工作的人，是為了獲得相對較高的收入，因此有可能提高稅率而不損害工作動機。

正式描述一下手風琴稅的一個特例是很有用的，我將其稱為「嚴格手風琴稅」。假設社會平均收入高於基本需求，並以平均收入設為基準。收入高於基準的人依上述規定納稅。收入低於基準的人將獲得相當於社會平均收入和個人收入差距的 t%的收入補助。

顯然，從收入高於平均水準的人那裡，收取的全部稅額，將全數交給收入低於平均水準的人。事實上，嚴格手風琴稅最簡單的描述，就是每個人都必須繳納，相當於個人收入與社會平均收入之間差距的 t%的稅。由於對於低於平均的人來說，這個差距是負數，因此收入低於平均的人要繳納負稅，也就是說，他們會收到錢。

不影響工作動機又實現社會公平

與全民基本收入不同，手風琴稅不會改變每個人的收入排名，收入最高的人仍然是收入最高的人。即使稅率高達 99%，也不會改變任何排名，但會大大平衡收入分配。[20] 由於相對收入是人們的主要驅動力（一旦超過基本收入水準），因此這項稅收對工作動機的影響很小。馬斯克（Elon Reeve Musk）不會停止工作，隔壁的瓊斯夫人也不會停止工作。馬斯克希望保持對貝佐斯（Jeffrey Preston Bezos）的領先優勢，而瓊斯夫人則希望保持對史密斯先生的領先優勢。

假設我們有一個社會，其中人均收入為 5 萬美元，最窮的人收入為 500 美元，最富有的人收入為 50 億美元。也就是最富有的人比最貧窮的人富裕 1,000 萬倍。如果我們取 5 萬美元為基準，徵收一個使最富有的人，比最貧窮的人富裕十倍的稅率，這就是手風琴稅制，其中大量億萬富翁的收入將被徵稅，窮人的生活將好得多，而財富排名將保持不變，最富有的人仍然有機會吹噓自己是最富有的。

現在，讓我正式描述一下手風琴稅，不用「嚴格」這個限定詞。手風琴稅的定義是，取一大於或等於人均收入的基準收入，百分比稅率 t 大於 0 且小於 100。如之前所述，收入超過基準的人，需繳納相當於其收入超過基準部分 t%的稅。而收入低於人均收入的人將獲得收入補貼，補貼金額為社會平均收入與其收入差距的 s%。如果平均收入為 1 萬美元美元，而某人的收入為 6,000 美元，s 為 40%，則此人可獲得 1,600 美元的收入補貼。

不過，s 並不是任意選擇的。而是要定為從所有收入高於平均水準並納稅的人那裡徵收的總稅收，等於收入低於平均水準的人得到的總補貼。顯而易見，如果將基準為平均值，s 就會變得與 t 相同，那就是嚴格的手風琴稅。

手風琴稅背後的直覺很簡單。我們設置一個高於社會人均收入的基準。收入高於基準的人要繳稅，收入低於基準的人可以得到補貼。收入高於平均但低於基準的人既不納稅，也不獲得補貼。政府徵收的稅收總額，等於發放的補貼總額。手風琴稅在財務上是中性的。

在現實中，我們可能希望修改這個理想化系統的特徵，以符合特定的情況。例如，我們可能希望徵收到的稅額，能多於支出的收入補貼，做為國家其他財政需求的資金。

世界憲法

在特定國家，將手風琴稅提到過高也會產生實際問題。在當今全球化的世界，如果任何一個國家或少數國家單方面提高稅收，很可能會導致這些國家的資本外逃。為了防止這種情況發生，需要全球協調，即所有主要經濟體都同意協調徵收這些稅。當我們從考慮個體行為轉向考慮群體行為，有如全球憲法所規定的行為時，我們不可避免地需要考慮集體協議，而這是近年來哲學、政治和經濟學著作中的一個重要主題。[21]

全球憲法是一個多層次的問題；我們需要基礎機構來確保承諾的可信度。[22] 憲法背後的核心思想，是我們在第二章所談的納許均衡思想的集值當量（set-valued equivalent）。基本上是所有主體之間的一項協議，其中每個人都同意放棄某些行動和行為，且鑑於其他人願意放棄，他們已經同意放棄的東西，違背自己的承諾不符合任何人的利益。[23]

透過引入公共推理（public reasoning）的作用，可以進一步深化這個想法。在多元化社會中，公共推理早已被視為達成協議的重要工具。[24] 基於此，可以說，憲法應該在公共推理和審議之後制定，因為這種審議，即使在某種程度上只是「廉價磋商」（cheap talk），卻可以導致某些行為的合法性，並導致自我執行，而這在沒有最初的討論的情況下是不可能的。

有研究指出，賽局中的玩家會因違反他們同意遵守的承諾，而遭受負效用。[25] 本書所倡導的方法論，即利用賽局理論工具，將一些哲學著作和思想形式化，以支持公共政策，具有廣闊的應用前景。制定一部適合當今日益全球化的世界的憲法，就是其中一個迫切問題。

世界憲法的可能性

制定世界憲法的想法，聽起來似乎有點像是痴人說夢。然而，我們絕對不能放棄。要為像美國這樣一個幅員遼闊、多元化的國家制定憲法，當初看來一定也像是空中樓閣，直到一七八九年它終於成為現實。幸好當初美國有一群高瞻遠矚的領導人，他們有智慧和抱負去創造一個美好國家，在這裡套用美國總統林肯（Abraham Lincoln）在一八六三年十一月十九日下午，在賓夕法尼亞州葛底斯堡名垂青史的演講中的用語：「一個孕育於自由之中、奉行人人生而平等原則的新國家。」

反過來說，如果沒有普羅大眾心懷崇高目標，願意超越眼前的私利，去創造更美好的集體未來，那麼這個夢想也不可能成真。要將這樣的任務提升到全球層面，為全人類達成協議，無論多麼小的協議，都是困難的，但不是不可能。我們的分析能力和利用賽局理論推理，愈來愈能將哲學中的強大思想形式化。在當今世界，我們能透過世界貿易組織，進行最低限度的貿易政策協調；能透過國際勞工組織，在全球範圍內進行一些勞動監管；我們有國際刑事法庭，可以審判侵犯基本人權的國家領導人；我們擁有歐盟和共同貨幣，而這些在幾十年前還都只是紙上空談。

運用想像力，超越生活賽局

回顧更早的歷史，我們還有像憲章運動（Chartist）這樣的例子，試圖團結工人，並透過直接訴諸憲章的協調作用來賦予他們發言權。[26] 憲章運動的領導人是特立獨行的愛爾蘭人奧康納（Feargus O'Connor），他挨家挨戶收集支持簽署，因為他相信簽署這項行為本身，將使工人「視自己為一個獨特的階級」。他指出，這不僅能讓激進分子凝聚共識，也能讓他們知道彼此都有共識。

現在是時候更積極地思考一部世界憲法了，其中包含最低限度的全球協議，例如維護基本人權，其內容超越目前所做的範圍，並要求領導人對違反行為負責，對每個國家的領導人任期進行限制，並明定協調財政政策和稅收制度的法規。

這一點也不容易，因為它不可避免地會損害一些既得利益。在此同時，隨著全球化的持續發展，如果我們無法成功協調更多跨國政策，我們就有可能面臨滅絕的威脅。建立一個更公平的世界，可能不符合地球上所有現有居民的利益，因為有些人正是因為這樣的不公平，而過得很好。

但在這場賽局中，有許多旁觀者在現有體系中處於劣勢，而後代將從我們手中繼承世界，卻無法影響我們的所作所為。我們的希望在於，縱觀歷史，總是會有一些人，即使他們自己是現行制度的受益者，也願意大聲反對這個制度。即使他們沒有單方面放棄自己的優勢，他們也有道德勇氣去爭取系統性的改變。

此外，那些遭受系統性不公正衝擊的人們，必須組織起來並採取行動。如果當前的既得利益者試圖阻止變革，我們就需要掀起全球草根運動，發出聲音。我們在處理日常事務時，總是試圖從熟悉的可行集合中，選擇自己的行動和策略，以最大化我們的收益。現在是時候利用我們的想像力，超越生活的賽局，探索之前都在沉睡的新行動。我們生活在一個小小世界。我們需要採取更積極的行動，實現跨越國家、跨越世代的正義、公平和公正。是時候提出科學想法了，也是時候採取行動了。

超越國家

現在是時候培養我們的人類身分認同，並努力實現跨越國界、惠及世界各地人民的公平和正義。我們這個時代令人遺憾的趨勢之一，就是極端民族主義，它宣揚一種狹隘的觀點，認為自己的國家是世界上最偉大的國家。除了每個國家都是最偉大的這種矛盾之外，這還是一種至上主義觀點。當然，這種國家要成立的前提是，當世界上所有國家在偉大指數上的得分完全相同時，才有可能存在。這還是一種至上主義觀點，與種族主義不相上下，在平等的世界中根本不應該存在。總有一天，吹噓自己的國家會被視為道德的墮落，就像曾經有人以身為白人、男性或高種姓而驕傲自大一樣，幸好這些陋習已經成為過去。

民族主義在歷史上確實發揮了重要作用。為了讓人們犧牲小我完成大我，我們常常確實需要對一個群體產生認同感。正如印度獨立後不久，印度第一任總理尼赫魯（Jawaharlal Nehru）在給各邦首席部長的一封定期信中指出：「民族主義情感對於個人或國家來說，是一種不斷擴大和拓展的體驗。尤其是當一個國家處於外國統治之下時，民族主義是一種加強和團結的力量。」[27]

民族主義始於民族的巨大錯覺

有許多事我們都是以集體身分去做，從家庭、社區、俱樂部到公司和企業。這些身份認同可以帶來好處。正如經濟學家鮑爾斯（Samuel Bowles）和赫伯（Herb Gintis）所指出的，身分認同可以「透過支持符合親社會規範的行為，如說真話、互惠互利，以及為了共同目標而合作的傾向，來幫助克服搭便車問題並懲罰『反社會』行為』。」[28] 這可以提高效率並有利於提高生產力。

然而，有兩點需要牢記。首先，隨著全球化的趨勢，到了這個階段我們必須培養最大的群體認同——我們是地球的共同居住者，並培養全人類的親社會行為。其次，包括民族認同感在內的認同感，應該讓我們歡喜，但是歡喜和驕傲是有區別的。對自己的身分感到歡喜能增強信心；驕傲則是貶低別人。[29]

尼赫魯始終牢記極端民族主義會帶來的墮落，他在寫下上述引用的話語之後，接著提醒各首席部長，「但是，總有一天，〔民族主義〕影響力可能會逐漸縮小。有時，就像在歐洲一樣，它會變成具有侵略性和沙文主義，想要將自己的觀點強加於其他國家和人民。

每個民族都染上巨大的錯覺，以為自己是被選中的，比其他民族都優秀。」這些話出自一個國家的總理之口令人十分驚豔，別忘了，印度這時才剛獲得獨立。很少有國家領導人會提醒自己的人民，民族主義最終會成為「一種狹隘的影響力」。[30]

民族主義的光與影

目前，心理學家的研究將道德價值觀區分為不同類型，例如關懷他人和公平，以及群體內忠誠和服從權威。[31] 研究指出，群體內忠誠往往與真正的親社會行為和關懷相衝突，並可能導致縱容針對其他群體的暴力和剝削。

其中一些基於權威的價值觀，確實可能成為在客觀的外人看來不道德行為的基礎。民族主義就有這種風險。

我們的某些身分是自然的，甚至是生物性的，例如屬於家庭或文化相似群體的身分。人們有著共同的歷史，從小聽著相似的音樂、讀著一樣的書、欣賞著相似的藝術品。這些身分與國家認同有一些重疊。民族認同曾經幫助我們共同奮鬥、共同繁榮，但它也可能成為一種壓迫的工具，用來合理化對其他民族和其他國家的戰爭和壓迫。

這一現象由來已久，但在二十世紀的兩次世界大戰中最為高漲，現在也展現在許多地方，包括普丁統治下的俄羅斯，軍隊以國家的名義屠戮並占領烏克蘭。

民族主義具有功能價值，才會在歷史的長河中留存下來。遠古時期還沒有，逐漸出現後壯大，並促成許多民族的合作繁榮。隨著科技的不斷進步，世界變得愈來愈全球化，商品、服務、資金和人員縱橫全球，民族主義因此面臨破壞力超過價值的風險。

我們有理由相信，極端民族主義可能成為世界瓦解的主因。就像種族至上主義一樣，極端民族主義在道德上一直是值得懷疑的，但現在它還存在一個額外的問題，那就是它具有破壞性，尤其是成為統治精英剝削窮人、謀取狹隘利益的工具。

極端民族主義的危害

我們在本書前面的章節中已經看到，我們所追求的，或者用賽局理論的語言來說，我們的收益函數，都不是與生俱來的。而是可以創造和培養新的目標和抱負，使人們願意努力工作，甚至做出犧牲來實現這些目標。這可以成為一種希望，但如果與極端民族主義結合，就可能釀成致命的後果。

如今，我們看到各國都在宣傳本國首富，登上世界富豪榜的次數。我們可以設想這樣的場景：某個貧窮國家的富人發起眾籌，希望人們幫助他在全球排名中攀升，而輕信的人們也為這一「國家事業」做出貢獻，歡呼該國首富的全球排名上升。

由於金錢和市場跨越國界，我們必須擴大我們關注的範圍。僅僅超越個人而至群體乃至國家是不夠的。我們必須將世界以及我們留給後代的世界，視為政策和法律涵蓋的領域。這就是我們今天面臨的挑戰。全球化很大程度上是科技進步的結果，也是人生的一部分。對此大加指責，就好比將建築物的倒塌歸咎於重力一樣。毫無疑問，重力是每棟建築物倒塌的關鍵因素，但我們無能為力。

因此，我們不會過度糾結於此，而是把注意力集中在其他原因上，例如可能導致倒塌的工程缺陷，以及我們可以採取的糾正措施。同樣地，對於全球化和技術進步對經濟和政治帶來的壓力，我們別無選擇，只能接受這些既定事實，並思考在我們控制範圍內、可以抑制這種變化的負面影響的措施。而這需要徹底的、突破常規的思維。

邁向全球正義

本書首先從個體，也就是經濟學家的經濟人開始，然後介紹了賽局理論推理。賽局理論廣泛應用於企業競爭與監管、戰爭與外交等領域。它對於個人的日常生活也具有重要價值。蘇格拉底和伊比鳩魯等早期哲學家，透過身體力行告訴我們，哲學不僅僅是一種智性追求，更是一種生活方式。

蘇格拉底當然是個家喻戶曉的名字，但伊比鳩魯也同樣值得讚賞。他不僅是最深刻的思想家，他的生活方式也是一種安靜的激進，有點類似休謨。他生活簡樸，勇於拒絕當時的主流哲學（柏拉圖主義），並創辦了自己的學校（花園），並招收奴隸和婦女，這在當時是人人厭惡的舉動。

賽局理論只有不到一百年的歷史，古希臘思想家不知有它，啟蒙運動時期的歐洲哲學家也沒聽過它。本書的開篇章節試圖以賽局理論為載體，為這些古老的智識渴望賦形。

本書從追求自身利益的角度出發，進一步討論了人類與生俱來的道德嚮往，儘管許多傳統的新古典經濟學家否認這一點。這迫使我們從個體轉向群體，如階級、社區甚至國家，並探討一個棘手的問題：一群有道德的人，會表現出道德上應受譴責的群體行為嗎？答案是肯定的，凡讀過開頭幾章的人，就不會對此感到驚訝了。集體邪惡的根源，不一定能輕易歸咎於組成集體的個人。這是一個重要的道德困境，並引發一系列有關集體道德的問題。

前兩章發出了警告：無論我們的道德如何，我們都必須注意群體行為的意外結果。這讓我們進入諸如法規和集體協議等實際問題，並提出了有關人生賽局從個體到群體，小群體如家庭，大群體如國家，不可避免地將我們引向當今任何分析家，都無法忽視的問題：世界。

隨著我們之間的連結益發緊密，不僅僅是透過旅行，而且也透過數位連結，全球化已經將人們帶到了同一個共享空間，但我們的智慧和道德天線顯然還未準備好。因此才有了本書不可避免的這一章結尾。本章讓讀者一窺我們所知的至少是科學現階段最大的集體——世界，正面臨的理性、道德和策略問題。

人類文明正處於一個關鍵時刻

最後，我想提醒讀者，人類文明正處於一個關鍵時刻，我們，作為地球的當前居民，需要考慮我們共同的人類利益——公平、正義、生存、永續性。

我們不僅要考慮自己在「人生賽局」中的收益，還要考慮生活在社會邊緣的旁觀者福祉。我們也必須考慮那些無法影響我們，但在我們死後卻將繼承地球的人們。也許我們一生中大部分的時間，都沒有想過這些旁觀者是誰，他們的歡樂和痛苦，以及我們對他們的困境所負的集體責任。

隨著全球化世界中科技的突飛猛進，我們無法阻止一些幾乎遵循自然法則進行的最基本進程。然而，如果我們願意啟動與生俱來的善良、愛心和道德，並集眾人智慧來設計新的干預措施，我們還是可以做很多事情。

事實上，這其中有些是符合我們自身啟蒙利益的，它提醒我們不能再過著兩耳不聞窗外事的生活，以狹隘的群體身份為榮，躲在國家的圍牆之後，無視國界之外的危險和不公正。其他地方的苦難將會波及到我們的海岸，即使沒有，我們也有道德上的責任去對抗人類的苦難，無論它發生在何處。而要做到這一點，光有正確的道德意圖是不夠的；我們還需要科學和智慧。正如我們在馬克思和恩格斯（Friedrich Engels）的例子中看到的，如果不與理性結合，再好的意圖也可能化為泡影，甚至陰魂不散。

是時候終結不公

本書主要是關於推理，這是所有科學的關鍵要素。但我們不能就此滿足。我們的立足之地正在變動，空氣中瀰漫著不安的氣氛。氣候變遷的烏雲使天空變得昏暗，威權主義在全球各地再次抬頭。隨著不平等現象的加劇，人們的聲音被壓制，基本人類尊嚴被踐踏，民主受到損害，我們迫切需要採取行動。我們必須奮力爭取更大的公平和正義，以免富人變得強大到足以說服窮人，說將財富從富人轉移到窮人對窮人不利。

根據最新估計，有超過六・五億人生活在極端貧困中，即每天生活費不到 1.9 美元。如果所有生活在極端貧困中的人有共同的身分，例如同一種族或性別，我們會對地球上存在的偏見感到震驚，並要求立即採取糾正措施。事實上，窮人和邊緣化群體除了貧窮和邊緣化之外，幾乎沒有其他共同之處，但這並沒有使情況變得更好。或許反而使情況變得更糟，因為被壓迫者沒有共同身分所帶來的安慰。我們今天目睹的許多衝突、獨裁和政治兩極化的裂痕，都源自於這些根深蒂固的不公不義，以及未完全發展的挫折感。

是時候採取行動結束這些不公現象，並為更好的決策、更好的政策以及最終更美好的世界打下深厚的基礎。我們不能等著那些生活在貧窮之中、承受全球化和科技進步的最嚴重後果的人們，自己去爭取平等和正義。我們，包括那些在財富和收入分配改善的情況下，會遭受損失的人，都必須發聲，去對抗不公正，創造一個更美好的世界。是時候擺脫我們狹隘的身分，超越種族、階級甚至國家，去考慮我們這個小小星球上所有人的福祉。

如果我們的國家發動了一場不公平的戰爭，我希望我們有勇氣為所謂的敵人挺身而出。如果我們必須在國家和正義之間做出選擇，我希望我們都有勇氣捍衛正義。

註釋

第一章

1 幸好這些白宮討論都被祕密錄音了（只有甘迺迪總統，據推測也許還有他的弟弟羅伯特·甘迺迪，知道這些討論被錄音了）。此類錄音需保密三十五年，但現在已可公開取得 (see May and Zelikow, 1997)。

2 *The National Cyclopaedia of Useful Knowledge*, Vol. I, London, Charles Knight, 1847, p. 417.

3 你仍然可以享有的一種樂趣，是以新的方式證明這一定理。據報導 (Ratner, 2009)，該定理的證明方法有 371 種。我也樂在其中，試圖將這個數字提高到 372 (see Basu, 2017)。

4 *National Geographic*, 193, 6 June 1998, p. 92.

5 出自我自己的論文，Basu (2014)。

6 這個例子也提醒我們，經濟學中流行的隨機對照試驗方法（randomized control trials，RCTs）不能被視為建立因果關係的技術。RCTs 確實是描述樣本來源族群的黃金標準，但無法確定因果關係 (see Cartwright, 2010; Basu, 2014)。

7 經濟學中有一些關於憤怒工具價值的有趣研究。一個人的憤怒可以在阻止另一個人違反規範或不做「理性人」會做的事情方面發揮重要作用 (see Miller and Perry, 2012; R.

Akerlof, 2016)。

8 Tom Stoppard, *Jumpers* (London: Faber & Faber, 1972), p. 13.

9 一九九五年，我在德里經濟學院對學生進行的非正式測試證實了這種傾向，即當話語帶有情感內容時，人們的推理能力就會下降 (Basu, 2000)。

10 See Hume (1740).

11 關於此主題的精采論文，see the paper by Garry Runciman and Amartya Sen in the journal Mind (1965)。我想趁機告訴讀者一則學術界的故事。對研究人員來說，想在頂尖期刊上發表文章並不容易，必須做好多次被拒絕的準備。這篇論文是最早使用賽局理論來理解一些道德哲學難題的嘗試之一，在本例中是盧梭的想法。這篇論文寫於一九五九年，是 Sen 與 Runciman 合作的成果。他們將論文提交給了《Mind》的主編，即著名哲學家 Gilbert Ryle，當論文被接受時，他們非常高興。但之後三年卻毫無動靜；他們寫信給 Ryle 提醒他，為了確保 Ryle 知道他們在說什麼，他們還附上了論文的副本。顯然，Ryle 已經忘記了這篇論文。他以為這是一篇新的投稿，於是再次進行審查，也再次接受了。因此，這篇著名的論文不僅是被《Mind》接受，而且是被接受了兩次。

12 See Tait (1977, p. 202).

13 這裡有一個複雜因素。有可能有人會爭辯說，當你在晚餐後說「很好吃」時，你的意思並不是我們通常說的「很好吃」。雙方——廚師和用餐者——都知道這只是一種禮貌的行為，就像握手一樣。因此，這樣的陳述無需是真或假。

14 人們常常沒有意識到的是，亞當．斯密關於市場運作原因的理論，與大衛・休謨關於領導者權威的推測，有著很多的相似之處。這兩種解釋都在於一般個體的選擇 (Basu, 2018)。經常有人認為休謨反對政府合法性依賴社會契約的觀點。然而，正如 Sayre-McCord(2017) 所指出的，這可能不是對休謨的正確解讀。在本書的後面，我對市場無形之手以及道德的重要角色也持類似的看法。

15 這個論點可以從許多巧妙的方向展開，並且有可能在不引入道德的情況下做結 (see Myerson, 2004; Samuelson and Stacchetti, 2017)。例如，如果與計程車司機的互動之後緊接著來了一場消耗戰，那麼除了幫助選擇焦點之外，我們可能不需其他規範。雖然這在邏輯上是可能的，但我相信我們確實有一些根深蒂固的規範，這使得我們在某些情況下不假思索地選擇某些行為。這些行動可能源自於天生的「合作動機」(Brennan and Sayre-McCord, 2018)。這可能意味著，根深蒂固的並不是規範本身，而是遵循規範的傾向。人們觀察他人的行為，進而形成規範 (Hoeft, 2019)，而規範一旦形成，人們就會本能地遵循。

16 很重要的一點是要認識到，基於文化的社會規範和公平等道德規範往往密不可分 (Elster, 1989; Platteau, 2020)。正如 Myerson (1991) 所觀察到的，文化規範有助於找到焦點，但某些文化可能會以公平和公正為目標來選擇焦點。

17 經濟學家 Robert Frank(2020) 在他的新書中從集體關注中推導出一些個人行為準則。因為我們自己的行為對集體結果的影響如此之小，所以忽視集體結果符合我們自己的利益。因此，社會的成功取決於集體制定個人行為準則的能力，並透過稅收、法規、懲罰或社會規範來執行。

第二章

1 正如哲學家 David Lewis(1969) 和經濟學家 Robert Aumann (1976) 所認知到的。

2 我在二〇〇七年《Scientific American》的一篇文章中使用了這個虛構的故事，來闡明賽局理論潛藏的一些悖論。

3 我的書 (Basu, 2018) 是對這項批評的回應，並探討如何除去這層隱患，重建法律和經濟學 (see also Mailath, Morris and Postlewaite, 2017)。關於無政府治理之範圍的早期文獻 (see Dixit, 2004)。

4 早期的賽局理論大多擅長將賽局分析為一次性互動，而缺乏足夠的豐富性來分析玩家之間所謂的廣泛形式的互動，即一系列的動作——我這樣做，然後你這樣做，然後我再次決定要做什麼。一九六〇年代、一九七〇年代到一九八〇年代，Reinhard Selten、David Kreps、Ariel Rubinstein、Avinash Dixit、Dilip Abreu 及其他人的一系列論文填補了這一空白。此後就再也沒有回頭了。賽局理論成為現代經濟學不可或缺的一部分，影響深遠，擴及其他學科以及政策制定。

5 This essay is reprinted in Kuhn and Nasar (2002). My quote is from p. 10.

6 See, for instance, Runciman and Sen (1965); Skyrms (2004); Moehler (2009); Vanderschraaf (2019, 2021).

7 關於納許均衡以及它如何為現代經濟學奠定基礎的簡介，see Sethi and Weibull (2016)。

8 Moehler (2020, chapter 2) 提出運用保證賽局來理解 Hobbe 所說的自然狀態。傳統上，保證賽局被視為雙人賽局。我在這裡主張的是將其視為 n 人賽局，其中 n > 二，這樣可以更好地描述自然狀態，其中玩家之間沒有行動協調。

9 See Binmore (1995, 1998).

10 See Sri Aurobindo (2010, p. 1).

第三章

1 See p. 173.

2 See Ressa (2022, p. xii).

3 有些哲學家和法律學者主張用羞辱來取代監禁或罰款等懲罰 (see Etzioni, 2001; Kahan, 1996)。

4 Ogden Nash, 'Lines fraught with naught but thought', in *Everyone But* Thee and Me (Boston: Little, Brown, 1962).

第四章

1 I published this in 'Economic Graffiti: The Turin miracle', an op-ed for the Indian Express, 28 December 2017.

2 可以說，學科不僅僅是描述世界，而且在某種程度上創造了世界，供分析家解剖、研究並從中學習 (see Mitchell, 2005, in the context of economics)。

3 Kleimt (2020) 也採取類似觀點，即在沒有制度化社會規範容身空間的情況下，塑造利己主義機會主義行為可能是不可能的。「公民經濟」中的人們，包括基層活動家，都有考量他人的偏好，這可能並不罕見 (Becchetti and Cermelli, 2018)。近來備受爭論的普遍錯誤 (see Sandbu, 2020; Coyle, 2021) 是將文化約束簡化為經濟利益，然後將經濟利益視為原始。

4 這種假設並不像乍看之下那麼無害。有些情況違反此假設，貌似有理卻又矛盾，對道德選擇有重要暗示 (see Parfit, 1984; Basu, 2000; Voorneveld; 2010)。

5 For further elaboration on this, see Basu (2000).

6 有時，即使它們沒有改變，揭露它們也可以幫助我們制定新的政策干預措施。傳統上對貪腐的看法，僅將罰款和懲罰作為控制貪腐的工具。然而，一旦我們意識到貪腐行為有行為決定因素，例如恥辱，就會出現遏制貪腐行為的新方法 (see Lindbeck, Nyberg and Weibull, 1999; Lopez-Calva, 2003; Dhillon and Nicolo, 2022)。事實上，即使是語言的選擇也能啟動某些道德天線 (see Capraro, Halpern and Matjiaz, 2022)。

7 See Capra, Goeree, Gomez and Holt (1999); Goeree and Holt (2001), Rubinstein (2007); Brañas-Garza, Espinosa and Rey-Biel (2011); Eichberger and Kelsey (2011); Gintis (2014); Conitzer and Oesterheld (2022).

8 See Basu (2018).

9 在我寫下這些話後不久就爆發了一場爭議，直指世界銀行屈服於中國和沙烏地阿拉伯的壓力，篡改其經商便利度排名（補充一下，是在我離開世界銀行之後）。WilmerHale 律師事務所對此進行了獨立調查，因為這起指控太過嚴重，世界銀行董事會於二〇二一年九月決議停止編纂年度經商便利度。

10 See Kamtekar (2012, p. 170).

11 See Basu (2000, appendix A6). 檢視決定論和責任之間「相容性」的辯論，可以追溯到古希臘 (see Bobzien, 1998; Brennan, 2001)。

12 這就是我在 Basu (2022a) 所描述的「賦予道德」概念背後的想法。

13 See Bobzien (2001). 依 Brennan (2001, p. 263) 的說法，Chrysippus 建構了「決定論學說」和「道德責任論學說」，二者並不互相否定。

14 'Little Boxes', words and music by Malvina Reynolds; copyright 1962 Schroder Music Company, renewed 1990.

15 有趣的是，對照實驗指出，人們在決定懲罰誰以及如何懲罰時，有一種以效率為導向的自然傾向。(see Handfield, Thrasher, Corcoran and Nichols, 2021)。

第五章

1 我在之前的著作中 (Basu, 2000, chapter 4)，詳細討論了為什麼老鼠的世界裡看不到貿易和交換，為什麼主流經濟學的假設可能不正確，以及如果沒有一點信任和誠實，市場可能會崩潰 (see also Arrow, 1978)。

2 See Havel (1986).

3 See Akerlof (1976). 在不同背景下出現的「三元力」（triadic forces）這個更廣泛的概念，已在多篇論文中探討過：see Hatlebakk (2002); Villanger (2005); Li (2023)。

4 有一些以寓言結構、跨越不同學科的文獻突顯了這個問題。See Chocker and Halpern (2004); Copp (2006); Chiao (2014); Chant (2015); Friedenberg and Halpern (2019); Hyska (2021)。

5 Dave King, 'The Immoral Democrat Party "List of Shame"', Conservative Daily News, 6 November 2015

6 Nancy Altman and Linda Benesch, 'The Deeply Immoral Values of

Today's Republican Leaders', *Huffington Post*, 11 December 2017.

7 See, for instance, Feinberg (1968); Bernheim and Whinston (1986); Marino (2001); Sartorio (2004); Tännsjö (2007); Petersson (2008); Hakli, Miller and Tuomela (2010); List and Pettit (2011); Bjornsson (2014); Hess (2014); Arruda (2017); Dughera and Marciano (2020).

8 用 Marino (2001) 的話來說，個體可以「無可指責」，但卻屬於一個負有集體道德責任的群體。此外，在某些情況下，透過讓某人對某些結果承擔法律責任，我們也許能夠改變此人的行為，使其變得更好。侵權責任往往與此有關。然而，即使不援引法律，有時也值得為某種結果責備一個人，即使那並未反映她的惡意或應受譴責的無知，因為人類對責備的厭惡可以改變行為並有助於實現更好的結果 (see Hankins, 2016)。

9 See, for instance, Frankfurt (1969); Haji and McKenna (2004); Pereboom (2008).

10 這與出於正確理由選擇採取行動的想法密切相關。採取某種行動的理由，必須是使這項行動在道德上正確的理由 (see Markovits, 2010)。

11 See Basu (2022a, 2022b).

12 The remainder of this section draws on my paper, Basu (2022b).

13 雖然這個特定的賽局只是舉個例子，但可以說這是一個真正的問題，對我們在現實世界中如何制定政策別具意義 (see Basu, 2022b)。我們應該可以對「格蕾塔困境」做一些有趣的實驗室測試，看看預測的道德挫折是否會在現實中發生。這種測試應該採取讓玩家玩表一中的基本賽局的形式，但不讓他們知道他們的賽局對旁觀者的影響。隨後，告訴玩家一關於旁觀者的情況，甚至可以對他們的道德責任進行一些啟動，然後讓他們玩同樣的賽局，看看玩家一是否會從選擇 B 轉向選擇 A。目前已經有在實驗室環境中關於操縱信念和焦點的研究 (see Dasgupta and Radoniqi, 2021)，提供了將道德和價值觀融入行動的方法。

14 在賽局理論和道德的背景下，相關思想討論於 Bacharach (1999); Braham and Holler (2009); Braham and van Hees (2012).

15 聯盟形成文獻討論了相關問題 (see Aumann and Myerson, 1988; Genicot and Ray, 2003; Ray and Vohra, 2015)。但道德的選擇引發了概念上不同的問題。

16 See Clark and Chalmers (1998); Fioretti and Policarpi (2020).

17 See Putnam (2005, p. 24).

18 道德可以有很多種。經濟學中關於此問題的文獻愈來愈多。See Bowles and Gintis, 1998; Alger and Weibull, 2013; Bowles, 2016; Sen, 2018; Blume, 2019; Roemer, 2019.

19 一個解決辦法是，如果每個人都有道德，並在無知之幕之後做出選擇，那麼你就不知道自己在賽局中會成為誰。這樣的賽局可以描述為全體一致賽局（unanimity game）(Basu, 2010)。在這種情況下，問題得到了解決，因為帶來最高收益的結果永遠均衡的一部分。比爾．蓋茲曾經寫過 (The Economist, 16 February 2019, p. 62, column 1) 關於超越自身利益的重要性，以及我們都應該有堅持的道德目標：「如果你想改善世界，就需要為某事而瘋狂。」我們剛才證明了，如果每個人都把這一點放在心上，並為更大的目標而瘋狂，世界可能會變得更糟。唯一的出路就是每個人都以同樣的方式瘋狂。

第六章

1 Quoted from Voltaire's 1771 essay on 'Rights'.

2 See Vanderschraaf (2006); Moehler (2009).

3 還有歷史大捷的統計研究，用來思考和了解內戰發生的原因以及如何阻止內戰。Fearon 和 Laitin (2014) 分析戰後日本的不解之謎：儘管日本經歷了強烈的不滿時期，但從未爆發叛亂。他們從國家實力的角度來分析這一點。這一點很重要，但正如下面的分析所示，控制機制至關重要，許多強大的國家都敗在這方面。

4 See Schelling (1960); Mehta, Starmer and Sugden (1994); Sugden (1995).

5 正如 Boumlik 和 Schwartz (2016) 所指出，「葉海亞維在流亡法國期間通過社交網路成為代言人，她在集體運動中的影響力促成了政權更迭。」

6 我們可以更貼近現實，說除非因抗議而被監禁的機率高於某個數字 p（大於〇），否則人們會抗議。但是，做出這個更極端的假設，並不會對我將要證明的邏輯造成任何損害，即除非一個人確定自己會因抗議而被監禁，否則他就會抗議。任何小於一的入獄機率都會讓人們想要出去抗議。為了簡單起見，我還假設每個人都認為革命的成功與自己的行為無關。在大量人群中這並非不合理，這使我們的分析變得簡單。所以抗議所獲得的百分百滿足感，就是參與這項幫助國家的重要任務所帶來的純粹的快樂。這使我們脫離了 Tullock (1971) 所關注的公共財問題，而且，反正那對我現在所做的事情來說不重要。需要強調的是，我的假設並非不切實際。即使人們知道自己的一票可能不會產生什麼影響，但他們確實會從投票中獲得滿足感；儘管一塊塑膠不太可能造成任何危害，但人們確實會因為不把塑膠丟進河裡而自我感覺良好。

7 See O'Connor (1948); Quine (1953); Scriven (1953); Levy (2009). 逆向歸納和迭代推理的整體概念，現在被廣泛應用於賽局理論中，例如蜈蚣賽局和旅客困境 (see Rosenthal, 1981; Basu, 1994; Rubinstein, 2006; Arad and Rubinstein, 2012; Halpern and Pass, 2012; Alaoui and Penta, 2016)。

8 此類知識層級結構的廣泛使用，從各學科到英國偵探小說和現實生活，例如在海灘上吃巴吉餅，均討論於 Sarangi (2020)。

9 這種論點在生活中比乍看之下的更為普遍。為了遵循經濟學的傳統，我只從國家和政治領導的角度來分析獨裁者，但這種情況也可能發生在公司和其他組織中，儘管主流經濟學缺乏相關詞彙 (see Anderson, 2017)。

10 如果這個問題適用於一個人口無限的國家，那麼共識就是必要的。未達無限層級的知識都行不通。

11 See Muldoon (2019); Moehler (2020).

12 許多有關集體行動的經濟學和哲學文獻都假設個人是自利的。在現實中，人們往往都會考量他人並心存善念。這讓我們得以形式化行動主義的理念，並為憲法設計提供見解 (see Mishra and Anant, 2006; Singh, 2006; Becchetti and Cermelli, 2018)。

13 在 Basu (2010) 中，我試圖證明，無形之手能以不同形式出現，從亞當．斯密善意的市場無形之手，到卡夫卡所描寫的無形之手，它製造政治壓迫，卻讓我們找不到肇事者可指責。

第七章

1 'September 1, 1939', W. H. Auden, first published in The New Republic, 18 October 1939.

2 不過這句話並非出自《宣言》，而是出自馬克思在一八七五年才發表的〈Critique of the Gotha Programme〉。

3 See Aquinas (1265–74, II–II, 66.7).

4 Basu (2022c, 2023) 分析政治領袖的權力，以及為什麼可能存在一種內在的動力，導致威權領袖轉變為壓迫性的獨裁者。這為「所有國家都應要求對政治領袖的任期進行限制」的論點提供了依據。

5 See Basu (2021a).

6 規範對行為的約束這個主題由來已久，但直到現在才開始侵蝕主流經濟理論 (see Sunstein, 1996; Posner, 1998; Schlicht, 1998; Basu, 2000; Richter and Rubinstein, 2020)。

7 正如 Acemoglu 和 Robinson (2019, p. 467) 在同一節所述，我們「需要國家在重新分配、建立社會安全網和監管日益複雜的經濟方面發揮作用……」。

8 See Stiglitz (2012); Piketty (2014, 2020); Atkinson (2015); Bourguignon (2015).

9 See Sherman (2019).

10 這是基於每年五％財富收入的假設。關於全球不平等的統計分析，see Bourguignon (2015); Milanovic (2018)。

11 該數字並非官方數據，但高度可信。以擁有一千億美元財富的個人為例，我們知道這個類別的人數很少。如果他們的年收入是這筆財富的五%，也是合理的。如果他們賺的少很多的話，就不會這麼富有了。這相當於日收入一三六九萬美元。

12 See, for instance, Banerjee and Newman (1993); Galor and Zeira (1993); Emerson and Souza (2003).

13 See Coyle, 2021; Basu, Caspi and Hockett, 2021.

14 See Schaefer and Singh (2022).

15 See Naidu, Posner and Weyl (2018).

16 See Basu, Caspi and Hockett (2021).

17 這種特殊的稅收非常簡單，並且植根於行為經濟學，但相對來說仍然較新，不過已有文獻探討相關理念，在解決貧困的同時關注不平等問題 (see Sen, 1973; Bourguignon and Fields, 1990; Jayaraj and Subramanian, 1996; Basu, 2006; Subramanian, 2006)。我即將討論的內容有些也源自優先順位主義（prioritarianism） (see, for instance, Parfit, 2000; Adler, 2022)。

18 See Hughes (2010, p. 5).

19 See Navia, (2007, p.105).

20 不僅排名不受影響，收入差距的排名也不會受到影響。如果 I 和 J 之間的收入差距大於 K 和 L 之間的稅前收入差距，那麼稅後同樣如此。事實上，差距之間的差距也將保持不變，以及所有高階差距，以計數效用的精神來說 (see Basu, 1983)。

21 See Ferguson, 2013; Vanderschraaf, 2019.

22 這被稱為「二階集體行動問題」(Ferguson, 2020)。關於政治協調取代暴力與衝突的作用，see also Khan (2018)。

23 這一點的核心理念，發展於 Basu and Weibull (1991)。這與對國家行為進行自我限制的概念有關 (see Weingast, 1997)。值得指出的是，現實中人們往往願意為了集體利益而超越嚴格的自我利益行為，例如管理村莊公共資源和停止資源劣化 (see Baland and Platteau, 1996)。調查和實驗研究指出，人們具有「有條件合作」的能力，即他們願意做出個人犧牲，只要其他人也這麼做 (see Rustagi, Engel and Kosfeld, 2010)。

24 See Rawls (1997); Weithman (2005); Thrasher and Vallier (2013); Sayre-McCord (2017).

25 有微觀層面的對照研究指出，溝通和承諾如何影響人們的實際行為 (Charness and Dufwenberg, 2006; see also Bahel, Ball and Sarangi, 2022)。嘗試將這個想法提升到公共討論和公眾審議的層面將會很有趣，就像 Weithman (2005)，看看這些承諾是否可以變得更加堅定。

26 See Beckerman (2022).

27 Letter of 20 September 1953 (see Khosla, 2014, p. 67).

28 See Bowles and Gintis (1997, p. 4).

29 關於我們的多重身分認同以及由此產生的風險和希望的重要分析，see Sen (2006)。

30 在民族主義方面，尼赫魯與詩人泰戈爾是同盟，泰戈爾滿懷激情地寫作，提醒人們超越國家、更宏大的人類身份。泰戈爾可能是歷史上唯一一位其歌曲被多個國家（印度和孟加拉）採納為國歌的人，這是對泰戈爾最恰當的致敬。

31 See Niemi and Young (2013). 有研究使用眼動追蹤，來研究不同親社會程度的人對內群體和外群體的態度差異。這些關聯很複雜，但有趣的是，它們之間存在明顯的差異 (see Rahal, Fiedler and de Drew, 2020)。

Reason to Be Happy
Why logical thinking is the key to a better life

理應快樂
賽局理論與生活之道

作　　者　考希克・巴蘇（Kaushik Basu）
譯　　者　蔡丹婷
編　　輯　賀鈺婷
封面設計　Dinner
內文排版　顏麟驊

副 總 編　鍾顏聿
主　　編　賀鈺婷
行　　銷　黃湛馨

印　　刷　呈靖彩藝有限公司
法律顧問　華洋法律事務所　蘇文生律師

ISBN　978-626-7523-50-6（平裝本）
978-626-7523-45-2（EPUB）
978-626-7523-46-9（PDF）

定　　價　460元
出版日期　2025年8月（初版一刷）
2025年9月（初版二刷）

出　　版　感電出版
發　　行　遠足文化事業股份有限公司
（讀書共和國出版集團）
地　　址　23141 新北市新店區民權路108-2號9樓
電　　話　0800-221-029
傳　　真　02-8667-1851
電　　郵　info@sparkpresstw.com

國家圖書館出版品預行編目(CIP)資料

理應快樂：賽局理論與生活之道／考希克・巴蘇（Kaushik Basu）作；蔡丹婷譯. -- 新北市：感電出版：遠足文化事業股份有限公司發行，2025.08
320面；14.8×21公分

譯自：Reason to be happy: why logical thinking is the key to a better life

ISBN 978-626-7523-50-6（平裝）

1.CST：思考　2.CST：邏輯　3.CST：幸福　4.CST：博弈論　176.4　114006049